U0674103

社会主义核心价值体系建设
"双百"出版工程

项 目

/ 100 位

新中国成立以来感动中国人物/

宋鱼水

刘玉民　王　佳　李东民　赵　赓/编著

★

吉林文史出版社

《100位新中国成立以来感动中国人物》丛书

★★★★★

编 委 会

前　言

　　每个人的心中都多少有一点英雄情结，都向往英雄、景仰英雄。也正因此，在中华人民共和国建国六十周年之际，由中央十一部委联合组织开展的"100位为新中国成立作出突出贡献的英雄模范人物和100位新中国成立以来感动中国人物"的评选活动中，群众参与投票总数近一亿。这其中的每一张选票，都表达了人们对英雄模范的崇敬之情，寄托着对伟大祖国的美好祝福。

　　一个民族不能没有英雄，否则这个民族就不会强大。当国家危难之时，懦弱者选择了逃避、妥协甚至投降，英雄们却挺身而出，用热血捍卫民族的尊严，人民的幸福。在创立和建设新中国的伟大历程中，涌现出无数可歌可泣的英雄模范人物。他们之中，有为了民族独立和人民解放而英勇牺牲的革命先烈，有为了党和人民的事业而不懈奋斗的优秀共产党员，有在全民族抗战中顽强奋战、为国捐躯的爱国将士，有英勇杀敌的战斗英雄和革命群众，有积极从事进步活动的著名民主爱国人士和国际友人……他们是民族的脊梁、祖国的骄傲，是激励全体人民团结奋斗的精神力量。

　　《100位新中国成立以来感动中国人物》丛书，就像一部星光璀璨的英雄谱，真实、完整地记录了英雄模范人物不平凡的一生，再现了他们非凡的人格魅力和精神世界。舍身堵枪眼的黄继光，拼命也要拿下大油田的王进喜，中国原子弹之父邓稼先，新时期领导干部的楷模孔繁森……一串串闪光的名字，一个个动人的故事，犹如群星闪烁，光耀中华。

　　当今中国正处于伟大变革的时代，迫切需要涌现出一大批勇于承担历史使命、为祖国和人民奉献一切的先进人物。在"双百"人物崇高精神的引领下，在建设社会主义现代化国家的征程中，必将英雄辈出。

生平简介

宋鱼水，女，汉族，山东省蓬莱人，中共党员，1966年2月出生，1989年8月参加工作，现任北京市海淀区人民法院党组成员、副院长，法学博士。

宋鱼水对人民群众怀有深厚感情，对审判事业有着执着追求，独立办案十余年来，公正高效地审理了各类民商事案件1700余件，其中500余件属于疑难、复杂、新类型案件，均取得良好的社会效果和法律效果。她信念坚定，胸怀大局，始终把维护社会正义、实现公正高效作为自己最大的人生追求；她司法为民，心系百姓，平等对待每一位当事人，精心审理每一个案件；她立足国情，注重实际，最大限度地化解矛盾和纠纷；她勤勉正直，廉洁自律，恪守法官职业道德。她被当事人誉为"辨法析理，胜败皆服"的好法官。在2005年的先进性教育活动中，宋鱼水被党中央确立为向全党推出的第一个重大先进典型。宋鱼水于2007年当选为中国共产党第十七次全国代表大会代表，会议期间当选为主席团成员，于2008年当选为第十一届全国人民代表大会代表，于2012年当选为中国共产党第十八次全国代表大会代表。

宋鱼水先后被评为全国优秀共产党员，中国十大女杰，全国"三八"红旗手，全国劳动模范和先进工作者，全国模范法官，全国十大杰出青年法官，全国十大法治人物，首都"巾帼十杰"，北京市"人民满意的政法干警"，中国改革开放30年女性新闻人物；先后荣获全国五一劳动奖章，全国五四青年奖章，全国审判业务专家，中国法官十杰（2003）金法槌奖，首都劳动奖章；分别被评为首都杰出青年，北京市杰出人才，首都十大杰出青年法学家。2009年国庆六十周年之际，宋鱼水当选为"100位新中国成立以来感动中国人物"和"时代领跑者——新中国成立60年最具影响力劳动模范"。她是第十届全国青联委员，第十一届全国青联常委，第九届、第十届全国妇联执委，获英模天平奖章。她的事迹被搬上银幕，电影《真水无香》在全国公映后获得良好反响。

1966-

[SONGYUSHUI]

◀宋鱼水

目 录 MULU

公正司法的新型法官（代序）

　　宋鱼水，北京市海淀区人民法院党组成员、副院长。她是首都法院的一名普通法官；她是中国法官的杰出代表；她是 2005 年的保持党员先进性教育活动中，党中央确立的向全党推出的第一个重大先进典型；她是 2009 年国庆六十周年评选出的"100 新中国成立以来感动中国人物"之一；她是党的十七大、十八大两届代表。胡锦涛总书记在接见她时，用"公正司法，一心为民"八个字高度评价了宋鱼水同志的精神，并号召全体法院干警向她学习。

　　她信念坚定、胸怀大局，始终把维护社会正义、实现公正高效作为自己最大的人生追求。担任助理审判员和审判员期间，她年年结案在全庭名列前茅，她具有强烈的责任意识和创新精神，面对国家经济体制转型，社会利益格局调整，一些经济纠纷案件错综复杂，有法难依甚至无法可依，凭着一名法官对法律的深刻理解和对国家政策、经济脉搏的总体把握，她努力追求个案公正和社会公正的和谐统一；审判效果与社会效果的和谐统一；遵循法律与敢于创新的和谐统一；程序公正与实体公正的和谐统一，有效维护了法律的尊严、人民的利益和社会的稳定。

　　她司法为民、心系百姓，平等对待每一位当事人，精心审理每一个案件。她从小在农村长大，靠助学金读完大学，对人民群众有朴素、深厚的感情。办案中，宋鱼水总能换位思考，理解当事人的苦衷，采取便利当事人诉讼的方式，尽力为他们解决实际问题。她从不轻视小额案件的审理，因为小额案件、简易案件往往涉及到百姓生活的切身利益。公平对待每一个当事人，无论他是外地还是本地，无论他是掏不起诉讼费的贫苦群众还是腰缠百万的富翁，她都本着善良和正义来适用法律，始终以宽容的态度尊重当事人，充分尊重当事人主体尊严和利益。

她立足国情、注重实际，最大限度地化解矛盾和纠纷。在长期的司法实践中，宋鱼水确立了"准确把握公正尺度，引导当事人用信任的方式解决纠纷，鼓励和促进交易，确保经济繁荣和社会稳定"的办案思路，坚持站在大局高度和社会的背景下开展工作，最大限度地保护社会生产力，保护先进文化，维护人民群众的根本利益。宋鱼水从不简单、机械办案，而是从实际出发，依职权积极引导当事人用信任的方式解决纠纷，使社会效益的损失和社会矛盾减少到最低限度，她宁可自己麻烦受累多做解开当事人"心结"的工作，能调解的尽力调解，最大限度地化解社会矛盾。

她勤勉正直、廉洁自律，恪守法官职业道德。作为审判人员，她年年结案在全庭名列前茅，走上中层领导岗位，她抓管理、抓改革，带头承办重大、疑难案件。特别是挑起知识产权庭庭长的重担之后，凭借一股子钻劲儿，迅速成为内行，并结合实际围绕"公正与效率"积极尝试各种改革，使知识产权庭在2002年荣立集体二等功。她坚持人民群众的利益至上，始终不为亲情、友情所累。经她审理过案件的当事人，有教过她的老师，也有她过去的同学。托人情、找关系的事她也曾遇到过。但十余年来，宋鱼水没有一件裁判不公，没有一件被投诉或举报。她没有收过当事人一件礼品，没有办过一件人情案，也没有利用庭长职务向审判人员施加过任何不公正的影响。在北京市海淀区人民法院，无论院长，还是主管过她的领导，只要谈起宋鱼水，都会说："小宋这人，我敢打保票！"

宋鱼水是首都政法战线这块沃土上成长起来的优秀党员，她以公正的审判实践回答了"什么是司法为民，如何服务发展，怎样让人民满意"。她是新时期中国法官的杰出代表，是公正司法、一心为民的好法官！

百姓心中的好法官

宋鱼水同志作为一名基层法官，充分发挥审判职能作用，以扎实有效的工作业绩、高效文明的审判作风和清正廉洁的高尚品德，很好地维护了人民群众的利益和社会的公平与正义，赢得了群众的信任和爱戴，是一位人民的好法官。全国政法干警都要学习宋鱼水同志牢记宗旨、爱岗敬业的精神，不断提高执法能力和执法水平，争做人民满意的政法干警。要通过开展向宋鱼水同志学习的活动，出现更多的像宋鱼水同志一样的基层法官。

——中央领导的重要指示

→ 公正司法，一心为民
——让胜诉方赢得堂堂正正

★★★★★

宋鱼水出生在山东蓬莱的一个小山村里。在她 11 岁那年，她的母亲突遭变故，卧床不起，家里的重担一下子落在了宋鱼水的身上，她曾因此一度辍学。

生活的困难使年少的她比身边的同龄人有了更多的责任与担当。这种责任和担当最终使她选择了一个她一生为之奋斗的职业——法官。

最初的梦想

她在回忆她的童年时曾说到，她是在山东蓬莱农村长大的，是个农民的女儿。小时候常常坐在田间地头或是母亲织花边的房廊里，听大人们聊家里家外发生的事。谁家被生产队少分了两捆柴，谁家儿媳妇受了婆婆的气⋯⋯

这些今天听起来都算不上什么的事，在老百姓的日常生活中却显得比什么都重要。一件不公平的事，有时候会让受了委屈的人丧失生活信心或是大病一场。

从生产队分柴、分粮中，她感受到公平、合理是老百姓最底层、最朴实的需要。那时候她就想，她要是个"包公式"的人，能给他们排解纷争就好了。这份朦胧、朴实的正义感也许就是她立志当一名法官的最初梦想。

1985年她考入中国人民大学法律系后，系统学习了法律知识和古今中外的司法制度，这时候她知道了谁对谁错用什么来衡量，知道了法律是把最公正的尺子。

1989年，她大学毕业，走进了北京市海淀区人民法院，实现了她当一名基层法官的梦想。

当上法官之后，她对法官这两个字的理解就是最大限度地追求公平和正义。从以前接触的是朴实的农民，到工作后和各种各样的当事人打交道，她更深刻地感受到，虽然每个人的文化层次、生活背景不一样，但是人们本性中追求平等和正义的要求是一样的。

法官的天职就是伸张正义、主持公道。这正是法官职业的神圣所在。最大限度地追求公平和正义，这句话听起来很简单。但是它却让她在十几年的法官生涯中始终恪守职业纪律和职业道德，不懈努力，一步步朝着专家型法官的目标迈进。

职业生涯第一案

宋鱼水办理的第一个案子，至今让她记忆犹新。

原告是个起早贪黑给小饭馆送菜的民工。宋鱼水见到他的时候是个寒冬的早晨，他穿得非常单薄，破旧的衣服已经看不出颜色，尽管屋里有暖气，但他还是微微发抖。他告诉宋鱼水，他给一家饭馆送了一年的菜，一直没给钱，临近年根，他冒着严寒一趟趟去要，求了服务员，求老板，饭馆的人烦了，连推带搡把他赶了出来。

宋鱼水在自然地萌生出对弱者的同情的同时，也提醒着自己要更加慎重，因为同情不能代替法律的公正。

原来，那家饭馆因为经营不善，已经多次倒手，买了民工蔬菜的老板早就没了踪影。现在饭馆的老板说："法官，自从我租了这个店面，就没少遇到这种事，好多人天天追着我要面钱、米钱，我冤不冤？"

针对这种情况，宋鱼水依据法律规定向被告解释说："你不冤，这账虽不是你欠的，但你承租了这个店，你就应该先还上！按照法律规定，你可以向过去的承租人追偿，但你现在必须先把钱还上。"

案件顺利结案后，那个民工捧着薄薄一叠钞票痛哭流涕，这是他重病的妻子和上学的孩子都在等着的钱。

勿以恶小而为之，勿以善小而不为，这是中国几千年的古训。小额案件与标的重大的案件相比，似乎很难引起关注，但宋鱼水认为，一个公平正义的社会更应该是一个充满关爱的社会，一个人人机会均等的社会。法官一生中可能会审理几千件案子，但许多当事人一辈子可能就进一次法院，如果就是这唯一一次与法律的接触让他们受到不公正待遇，在他们心中会留下深深的伤痕。伤害了一个当事人，就多了一个不相信法律的人。而维护了一个当事人的合法权益，就会增加一分人们对法律的信仰、对社会的信心。

一次审判一堂课

2000 年，宋鱼水承办了中关村某电子有限公司与林某竞业禁止纠纷案。林某原系电子公司的董事、副总经理，半年前离开公司后，一直未归。后来发现在深圳某公司任董事长、副总经理。于是，电子公司起诉到法院，要求判令林某停止在深圳公司任职，并赔偿其损失。这个案子案情并不复杂，但社会非常关注。因为，"跳槽"现象在民营企业中比较普遍，一些高级技术及管理人员凭借工作期间掌握的产品技术、销售渠道等优势，作为应聘条件转入其他企业，甚至在同类企业兼职，获取优厚报酬，已成为企业界的一大烦恼。如何看待这一社会现象？怎样在人才流动的情况下保护企业的合法权益？人们期待法律给一个"说法"。

当时，"跳槽"引发的问题虽然不少，但诉到法院的还少见，北京市海淀区人民法院也是首次受理此类纠纷。针对诉讼双方在基本事实和适用法律上都存在争议的情况，以及此案的社会影响，宋鱼水与合议庭成员反复在法律上进行研究，并决定公开审理，邀请企业界人士和人大代表旁听。

开庭时，宋鱼水围绕核心问题主持法庭调查和辩论，让双方有话公开讲，有理公开辩，有证据当庭举、当庭质，并安排证人出庭。经过合议庭研究，宋鱼水当庭宣判，确认林某在某公司任职属于竞业禁止行为，责令其在电子公司办理辞职手续前，停止履行在某公司的职务，并赔偿电子公司损失 3.5 万元。宣判后，旁听群众反响强烈，认为法院的判决不仅保护了企业利益，也为人才流动确立了行为规则，使抽象的法律变得生动具体。

一位多年在法院担任监督员的人大代表欣然投书新闻媒体："审判长准确的判断，透彻的说理、不偏不倚、不怒自威的气质不仅令旁听群众折服，就连败诉方当事人也频频点头。旁听一次好的审判，就是上一堂生动的法制课，给人一种全新的启迪和力量。"

约法三章

作为基层法院的法官，宋鱼水经常面对很多"不起眼"的小案和各种当事人。如往工地上运送沙石砖瓦，工头拖欠运费；给餐馆供送鸡鱼肉菜，合同有疏漏或餐馆易主老板赖账。每当遇到这类案件，她都是快速办理，并尽量使纠纷彻底了结，让这些做"小本生意"的当事人尽快能拿到钱，使他们感受到法律的公平和社会的温暖。

她认为，虽然每个人的文化层次、生活背景不一样，但是人们本性中追求平等和正义的要求是一样的。为此，她给自己约法三章：第一，不轻视小额案件的审理，因为小额案件、简易案件往往涉及到百姓生活的切身利益。第二，

△ 宋鱼水在主持开庭

不轻视弱势群体，公平对待每一个当事人，无论是外地人还是本地人，无论是掏不起诉讼费的贫苦群众还是腰缠百万的富翁、身份特殊的主体。第三，不轻视当事人的任何权利，充分尊重当事人的尊严和利益。

老百姓赢了"民告官"

一位大学教师，受外地一市政府优惠政策的影响，按捺不住投资的冲动，与几位想法相同的教师商议后，牵头将 61.73 万元集资款借给了该市政府驻京办事处。但没想到，事隔多年集资款不能归还。每次催要，办事处都以种种理由拖延。此时，恰逢学校集资建房，老师们无奈之下向法院提出诉讼，要求尽快解决。

被告代理人很不配合，一开始就提出了管辖异议，要打官司也得到他们当地。

面对这种情况，宋鱼水决定先做通代理人的工作。她仔细分析北京市海淀区人民法院对本案拥有管辖权的法律依据，详细介绍老师们等房多年的迫切心情，并委婉地提出，政府作为民事诉讼的一方，更应该表现出高姿态，给人民群众树立诚实信用、崇尚法律的榜样，即使存在困难，也要拿出积极的措施来，老百姓不容易！

有根有据、入情入理的分析说服了这位代理人，更让他感到北京的法官公道可信，消除了担心和顾虑，这位代理人表示愿意协商解决纠纷。当天，他就从北京返回本地，向市政府报告并制订了还款计划。次日，又返回北京，与大学老师达成了调解协议，承诺本金与约定利息一次偿还。

老师拿到钱，万分感叹地说，自古民不与官争，说到底只有人民的政府、人民的官，才能让人民打赢官司，一名好法官就是老百姓头上的一片青天！

没有推不了的人情

法官执掌审判权，因而，一些当事人总想通过托人情、拉关系来达到自己的目的。面对这种情况，宋鱼水始终认为，作为一个人，不可能没有私情；但作为一名法官，必须是一个高尚的人，一个恪守正义永不动摇的人。

宋鱼水就读的人民大学，在北京市海淀区人民法院的管辖之内。过去的同学有的当了律师，有的下海搞企业、办公司。这么多年，宋鱼水审理过的案件当事人，有教过她的老师，也有她过去的同学。托人情、拉关系的事她也曾遇到过。每当这时，她只有一句话："作为律师和当事人，我希望你们在法庭上发挥出最高的水平，能够说服我，使我的判决对你方有利，想通过别的途径达到这一点那不可能。"

宋鱼水刚担任经济庭副庭长的那年冬天，老家突然来了一个亲戚，他说找宋鱼水帮个忙，看到老家的人，宋鱼水挺高兴的，心想：自己上学时全靠乡亲们资助，如今老家的人上北京，一定好好报答他们，想办法让他玩好、吃好。但谁知，老乡一开口就让宋鱼水犯了难。

他所在的企业有一个案子正好就在宋鱼水所在的经济庭，案情大致是这样的：这家企业委托海淀区的一个广告公司在电视台播出广告，但电视台没有在约定的时段播出广告，并且播出次数也大大缩水，当广告公司催要剩余的广告费时，老家的企业觉得吃了亏，不愿再出钱，结果被广告公司起诉到法院。企业领导知道他认识宋鱼水，就委托他来北京说情。老乡把事情原委对宋鱼水说了，而后说："你关照关照吧，好让我回去做人。"

在宋鱼水看来，老乡难得求一次，如果是其他的事，自己会毫不犹豫去办；如果自己是律师，自己也会尽全力去帮助诉讼，可自己是法官……当时，宋鱼水心里非常难受，真不知道和老乡说什么好。

看到宋鱼水这样，那位朴实的乡亲说了这么一句话："要是让你为难就算了，我要做人，你更要做人，我不会怪你。"

这句话使宋鱼水心中充满歉疚和感激。后来，老家的企业输了官司，输在当初很多说好的要求没有落在纸面上。通过这件事，宋鱼水看到：大多数老百姓托人情，只是希望得到一个公正的判决，只要公正，老百姓是会理解的。每次遇到人情与法的冲突时，法官唯一能帮他们的是鼓励他们去收集最有力的证据，书写有说服力的代理词，指导他们用充实的证据说服合议庭，才会赢得对他们有利的判决。

有人问宋鱼水，有没有同学、朋友因为她的"不近人情"，因为被她判输了官司而怨恨。她毫不掩饰地说："有，但我更相信只要依法办案，坚持正义的信念，大多数人内心深处会理解我、信任我。我始终相信人们更敬佩按照法律原则判案的法官。"也有人问宋鱼水有没有难以推却的人情干扰，她干干脆脆地回答："人情和利益往往联系在一起，只要心里不贪，就没有什么推不了的人情。"

当事人对裁判满意，也会真诚地感谢她。有的邀请她出席企业的活动，有的邀请她参观旅游。宋鱼水总是告诉他们："我有权代表国家审判，但无权代受谢意。裁判一下，案子和关系就应该一块儿了结。"

十余年来，宋鱼水没有一件裁判不公，没有一件被投诉或举报。她没有收过当事人一件礼品，没有办过一件人情案，也没有利用庭长职务向审判人员施加过任何不公正的影响。做一名品格高尚、公平正直的法官是宋鱼水的人生追求，更是她取信于民的立身之本。

辨法析理，胜败皆服
——让败诉方输得明明白白

★★★★★

  民商事案件总有一方败诉，让败诉方平静地接受法院裁决不是一件容易事，特别是在人们的法律素养还不很高的情况下。因此，宋鱼水认为，法官仅仅做到公正还不够，不能仅仅一判了之，还必须将法律规定、法律标准向当事人"释明"，将法理及时传达给当事人，这样才能赢得他们的理解和遵从。

败诉方送来的锦旗

  一家电子租赁公司，经宋鱼水的手打过两场官司，一胜一败。他们第三次打官司时，正巧还是宋鱼水承办。经审理查明，该公司出资 30 万美元，按照南方某电视机厂要求买了一套显示器生产设备，供其使用，但电视机厂长期拖欠租金。租赁公司要求该厂偿还 22 万美元的租金、逾期利息及罚息，同时要求担保公司承担连带责任。

  当时，这类融资租赁的案子很少，法律规定也比较原则。如何适用法律？宋鱼水到处请教，收集信息，还专门买了相关的书籍。最后判决：电视机厂偿付租金、逾期利息，驳回租赁公司要求罚息和担保公司承担连带责任的诉讼请求。

  判决后，这家租赁公司有些难以接受。代理人拿着法律条文、司法解释找到宋鱼水询问，宋鱼水一条一条地解释,一讲就是两个多小时。临走时,这位代理人说:"在你这儿打官司不是一次两次了,还真是赢得堂堂正正,输得明明白白。"两天后,一面鲜红的锦旗送到了北京市海淀区人民法院:"辨法析理,胜败皆服。"

奥运口号是集体智慧的结晶

2007年中华儿女共同期盼的第29届奥运会召开在即,北京市海淀区人民法院知识产权庭受理了一起起诉北京奥组委的著作权案,方某认为北京奥运会主题"同一个世界,同一个梦想 One World One Dream"侵犯了他的著作权,并提出了赔偿请求。作为主审法官,宋鱼水深知此案责任重大,它不仅关系到群众参与奥运的热情,更关系到我国知识产权保护的国际形象问题。

方某是一位才华横溢的青年,怀着对北京奥运的热情支持,他参加了北京奥组委组织的北京2008年奥运会口号征集评选活动,但在是否对奥运口号拥有著作权这个问题上其认为自己拥有权利,并诉至法院。因该案发生在奥运前夕,案件的审理极其敏感。

宋鱼水和他的同事们加强了对当事人的调解力度。他们与方某进行了多次开诚布公的谈心,并建议被告充分考虑到方某积极投稿贡献奥运的积极性,共商可行的调解方案。经过五次调解,被告提出了三种解决方案,最终虽未达成调解协议,但调解为判决打下了坚实的工作基础。

考虑如果此案久调不决,可能产生的负面影响,宋鱼水和合议庭其他成员当机立断,于2008年2月4日对该案进行了公开宣判。判决的理由充分而有力度:

奥运口号的产生是一个内容与形式并重的程序和创作过程,在原告未能完成接触的举证责任的情况下,奥组委一方对奥运口号独立创作,是集体智慧结晶的辩称有事实依据,本院予以支持。综合分析本案,不能得出原告所称被告收到投稿,奥运口号来自原告投稿的结论。更何况,原告已发送邮件里记载的口号在中文的翻译上仅为"同一个梦想",与最终确定的口号并不完全相同。另外需要指出的是,原告诉请要求确认其为奥运口号作者并拥有著作权,但一般的口号著作权与奥运口号在法律地位上是完全不能等同的,后者有严格的产生、通过、公布、备案手续,受到奥林匹克标志保护条例的保护。故原告主张奥运口号的著作权于法无据,不应获得支持。

一审宣判后，方某不服上诉，后二审维持原判。

出人意料的是，半年后，方某突然给宋鱼水发来了感谢短信："案到中院更备感鱼水法官的人本情怀和良苦用心。今天接到维持原判的结果，总归对自己有了交代。在此再次向宋法官表示我个人的敬意！衷心祝愿你在中国司法的进程中留下自己的足迹。我仅作为见证者。"

宋鱼水认为，调解和判决，是法官处理案件的两种方式，不存在哪个重要哪个不重要，选择哪种方式处理案件，要看哪种方式更有利于解决纠纷，更有利于化解矛盾。无论是调解或是判决，只要我们付出了最大诚意和最大的努力，就能够使当事人坦然地接受。

谁侵犯了我的著作权

2002 年，宋鱼水审理了《众人划桨开大船》的词、曲作者诉某集团及广告公司、广告发布公司侵犯著作权一案。

某集团为了做形象宣传，于 2001 年 3 月 21 日委托广告公司为其制作一个形象宣传广告片，双方签订了书面合同。广告公司在进行广告创意时，可能看重了这首歌中表现的团

△ 宋鱼水开庭照

队精神，因此选用了歌曲中的四句歌词"同舟么共济海让路，……波涛在后岸在前"作为该集团形象广告片的背景音乐。

该公司在完成了广告片的制作后，将其交给某电视台在其王牌栏目的广告时段上发布。该广告片也得到了该集团的认可。某电视台的这一王牌栏目，有很高的收视率。在这么一个黄金档段播出该集团的形象广告片，其效应是不言而喻的。

《众人划桨开大船》的词曲作者看到这则广告片后十分气愤，遂将上述三被告诉至法院。庭审原、被告各执一词，难解难分。宋鱼水作为审判长，不但辨析法理，而且从维护公平的视角对本案进行分析和裁断。从法律的角度，著作权法明确规定使用他人作品应当与作者签订许可合同或者经过作者同意，否则应当承担民事责任，因此广告公司应当承担侵权的责任；根据相关司法解释，委托人和受托人都应当承担侵权责任。合同当事人在合同中约定的免责条款不能对抗合同以外的第三人，不能依据该条款免除当事人的侵权责任。所以，既是广告主又是委托方的某集团应当承担民事责任。

在对该集团的责任认定上，宋鱼水充分考虑了公平理念。因为在市场交易中，要获得利益，就要承担风险。某集团在本案中不能只享受利益，而把风险丢给别人，这有悖于社会公平。

对于广告发布公司是否应当承担侵权责任，宋鱼水曾再三斟酌，因为有人认为广告发布者只是为广告主和大众搭起了一个交流的平台，而且现行法律只有《广告法》第四十七条第 5 款笼统规定了：广告主、广告经营者和广告发布者对于广告侵犯他人的合法民事权益的，应当承担民事责任。

在法官面前，天平的一头是法律，一头是当事人的权益，在只有粗线条的规定的情况下，如何适用法律使当事人双方的权益都得到尊重，保证公平，成为摆在法官面前的难题。这时法官就不能拘泥于法律条文，而是要运用法律的基本理论来探求法律的原意。

合议庭经过合议认为，广告发布公司作为某电视台栏目广告的代理商，凭借其所具有的业务知识和职业特点应当能够发现涉案广告擅自使用原告的广为流传的作品的事实，却因疏忽造成该广告片在电视台有偿播放，扩大了损害后果，应承担侵权责任。据此，根据《著作权法》和其相关规定，在兼顾公平的基础上，法庭判决三被告赔偿原告 5 万元的损失，并在《中

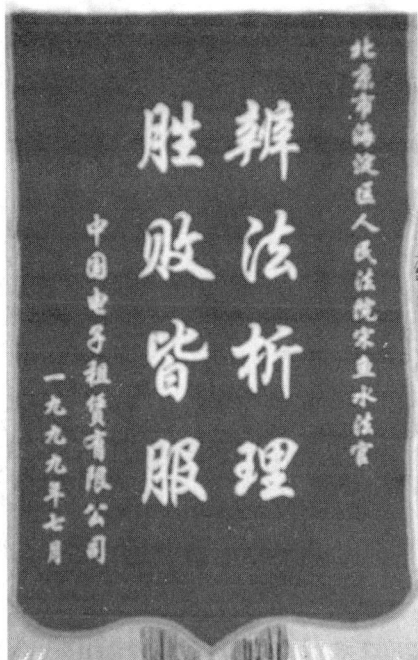

△ 当事人对宋鱼水的赞誉

国电视报》上刊登致歉声明，消除影响。本案双方当事人对法院的判决都心悦诚服，没有上诉。

做好解释，把个案的公正标准向当事人释明。这样的理念还体现在宋鱼水制作的判决书上，力求把当事人疑惑、关心的问题都说清楚，而不单纯侧重法理的分析。她认为，判决书是给当事人的，应当尽量让他们能看明白。实践证明，这样做当事人上诉的确实少。

让当事人把话讲完

宋鱼水始终站在一个公正的角度，站在百姓的角度，站在当事人的角度来做事情，审案件。宋鱼水认为，法律是公正和善良的艺术。唯有如此，才能让当事人接近你，与你沟通，接受你的观点，"能坐下来，能听进去"。"宽容、理解、耐心和尊重"是宋鱼水在审判实践中练就的职业品格。

一次，宋鱼水承办了一个出版合同纠纷。一位老作家与人合作写了一本书，出版社认为书中一些内容后来公开发表，影响了书的销路，迟迟没有按照合同约定给足稿费，几次协商也没能在数额上统一起来，无奈之下老作家将出版社告到了法院。

庭审过程中，老作家慷慨陈辞阐述自己的意见，但一直不能很准确地讲出法律上争议的焦点，反复十来遍就同一个问题进行论述，旁听席开始有人打起瞌睡。但宋鱼水却一直没有打断老作家的陈述。她神情专注，不时轻轻点头，目光一直没有离开正在发言的当事人。

案件从早上 8 点开到中午 12 点多，老作家的情绪缓和下来，双方都表示没有新的说明了，宋鱼水才开始向他们说明出版合同方面的法律规定，指出双方都存在过错。老作家一言不发，仔仔细细听着宋鱼水讲解，半晌，突然出人意料地说："宋法官，这事起来以后，你是头一个完完整整听完我讲话的人，你的话，我信，这事我也确实做得有问题，我同意被告提出的方案。"双方当场达成了调解协议。

法律也有教育的功能

败诉意味着承担法律后果，这是很多当事人不愿接受的，即使有过错，有的人也会固执己见。但公正的判决，恰恰是对过错方的一次难得的教育。为此，宋鱼水始终坚持严格依法，分清责任，明确是非，以大义、公理服输赢，决不迁就"和稀泥"。

某大学博士生王某在写作论文时"走捷径"，找到一家企业网站，大段大段直接抄袭，总字数达到五万多字。宋鱼水与合议庭成员连续开了好几个晚上的夜车，将需要比对的内容，近二十万字的论文全部通读了一遍，又经过开庭审理，认为侵权十分明显。国家培养一个博士生不容易，宋鱼水建议双方调解结案。但王某态度十分强硬，坚持"纯属巧合，没有抄袭"，即使在原告举出"连错别字都一模一样"的证据时，王某仍然一概否认，拒绝调解。

第二次开庭结束后，宋鱼水正要离开法庭，王某突然转了回来，表示愿意接受调解，但只答应赔钱，不承认抄袭，也拒绝公开道歉。"不行！"宋鱼水非常坚决地说，"这案子的要害就是侵权，原告不会同意你把抄袭的事抹过去，调解也不能不分是非呀！""宋法官，我真觉得我没抄多少，现在谁写书不是抄？"王某说话已带哭声，"我真是没法承认啊。我们这圈子其实特别小，我明年就要毕业，要是大家知道这事，做论文、找工作都黄了。宋法官，您就帮帮我吧。"

缠了一个多小时，宋鱼水始终不为所动。当同事问起这件事时，宋鱼水说："我也知道这可能会影响他的前途，可是纵容了这种行为，不仅害了他，更是对社会的不负责任。"后来，合议庭公开宣判王某构成对原告著作权的侵犯，责令他在专业报纸上发表了赔礼道歉的声明。

正义总有感召人的力量。去年元旦，宋鱼水十分意外地接到了已经毕业上班的王某寄来的贺卡："我曾经恨过您，请原谅我的年少轻狂，是您启发了我怎样做人。衷心祝愿您和您的家人节日快乐！"

→ 以调促和，定纷止争
——铸剑为犁促得以和为贵
☆☆☆☆☆

经济和知识产权审判是改革开放以来变化最大和最新的司法领域，国家经济体制转型，社会利益格局调整，各种案件错综复杂。北京市海淀区人民法院地处中关村科技园区，新情况、新问题更是层出不穷。面对这样的情况，宋鱼水认为履行好审判职责，不仅要深刻理解法律精神，还必须精心把握国家政策和经济脉搏，从改革、发展、稳定的大局出发，考虑个案的处理，最大限度地化解纷争，努力营造社会主义和谐社会。

悉心调解"面的"纠纷

1997 年前后，北京市政府决定淘汰所有"面的"汽车。一时间，几乎所有出租车公司都向司机提出解除承包合同，收回车辆进行更新的要求。这使靠出租车吃饭的司机面临暂时性失业，而与公司非法融资购车的司机，尤感损失巨大不能接受。于是，纷纷向公司提出补偿要求。然而，出租车公司除遭受车辆更新期间停运损失外，还将为购车支付大笔费用，不愿亦无力对司机过多补偿。双方的利益严重对立，问题一时难以解决。有些司机采取了上访、静坐、围堵交通等过激行为。

宋鱼水在此期间承办了某出租汽车公司与该公司 20 多名司机的此类案件。当她了解到案件产生的原因后，马上意识到此案涉及司机和家人的生活来源，而且更多的公司和司机在静待处理结果。此案事关大局的稳定，既不能草率，也不能延误。她及时开庭对案件进行合并审理，庭后又分别与双方当事人进行长谈，明确告知出租车公司：用司机的钱买车再租给他们，政策不允许，司机每天工作十几个小时，公司应该考虑他们的利益；同时，宋鱼水也给司机们讲解车辆更新的社会意义，要求他们顾全大局，相信法律，不要做事与愿违甚至违法的事。

通过细致的思想工作，当事人过激的情绪得到了缓和，对政策法律有了正确理解，也加深了对法官的信任。最后，多数司机与公司达成了协议，个别未达成协议的，宋鱼水及时进行了裁判。那些观望的公司和司机，也都依照法院裁判确定的原则解决了纠纷。此案的解决，不仅使出租车公司顺利恢复了经营，司机们的利益也得到了有效保护。

法庭上诞生的新公司

随着社会法治化的推进，人们对法院化解纠纷、平复矛盾的期待越来越高。宋鱼水认为，老百姓到法院的目的就是为了解决问题，一个好法官不仅要善于"定纷"，更要做好"止争"的工作，切切实实为群众排忧解难。

四年本科、三年硕士研究生的系统学习，使宋鱼水不仅系统学习了法律知识和古今中外的司法制度，也使她了解了西方的司法理念，参加政法系统组织的国外四个月专业培训，更使她真真切切体会了东西方法律文化的差异。这种学习和了解使年轻的宋鱼水不再盲目地崇拜和效仿西方，而是开始了适应本土文化的审判模式的积极探索。

宋鱼水认为，作为一名法官着重考虑的不应当是实现了什么程序，而是为当事人解决了什么问题。大量的经济纠纷是因为市场机制不完善产生的，不是仅靠法律就能解决的。而企业之间你死我活的缠诉，可能把双方企业都拖垮，如果法院依职权引导当事人用信任的方式解决纠纷，有利于彻底解决纠纷，可以使社会效益的损失和社会矛盾减少到最低限度。

这是一起公司老总与副总之间矛盾尖锐、势不两立的不正当竞争纠纷案件，宋鱼水亲任审判长，多次对双方进行证据指导，双方针对争议的技术问题提交了三轮书面意见和答辩，并先后组织了九次询问、四次勘验、四次开庭审理。最终，在查清事实的基础上因势利导，促成了曾经在法庭上恶语相向、在法庭下不共戴天的一对冤家握手言和并成为亲密盟友，重新开始合作，共同注册成立了一家新公司。

周某与黄某本是大学同学，两人志同道合，在 1993 年共同创建了一家从事电脑软件开发的公司，两人分别担任公司的总经理和副总经理，可后来由于利益分配问题，黄某带着四名技术骨干不辞而别，成立了一家新的公司。周某认为，黄某推出了与自己公司一样的产品，采用相同的销售渠道，牟取了可观的经济利润，给自己造成了几百万元的巨大损失。为此，2001 年 8 月，原告以被告侵犯了公司的商业秘密为由将之告上法庭，审理期间，怒火中烧的周某还以侵犯商业秘密和职务侵占罪将黄某举报至公安机关，虽然经人民检察院依法做出证据不足的不起诉决定，但造成被告被羁押近十个月；又因原告向法院申请扣押、冻结了被告的计算机主机、轿车、接口线路板以及银行存款等财物，致使双方的矛盾极端尖锐，结下了"生死血债"。

宋鱼水第一次主持案件的开庭时，当黄某从看守所出来第一次见到周某时，不顾在场的法官和律师，情绪失控，

对其恶语相向进行人身攻击，周某也毫不示弱，反唇相讥。这个案件由于涉及复杂的技术秘密，审理的工作量异常繁重，双方的证据资料不仅专业性强、技术含量高，而且种类繁多，数量巨大，仅质证过程就整整进行了四天。而且整个过程先后进行了九次询问、四次勘验和四次开庭审理。从开始到最后一次开庭，双方都是牙关紧咬，怒不可遏，无论如何都要向法院讨一个公正的评说。

事已至此，一般人看来，判决几乎是唯一的解决办法，且判决的条件已经成熟，但宋鱼水仍然坚持竭力寻求调解双方矛盾的可能。她一次次找到双方当事人，抓住双方过去是大学同学，又是多年合作伙伴，有一定的信任基础，言辞恳切地告诉他们，如果继续打下去，公司有可能就打垮了，而如果能和好，不仅公司的骨干没有流失，知识产权也没有流失，还能把双方的力量合起来将公司做大做强，希望他们做出明智的选择。

经过前后九次调解，周某和黄某对合议庭的信任和即将做出的公正判决已不再心存疑虑，正是抓住这样的契机，宋鱼水认为可以进一步做当事人的工作，推进矛盾的融化。宋鱼水与当事人的交流越来越被当事人所重视，而完全为当事人考虑的调解建议工作让当事人感觉到法官的真知灼见。"宋法官打动了我们，深深地打动了我们，"黄某更是折服，"她完全从我们的公司的利益来考虑问题。"于是双方终于答应调解，这时，黄某与周某衡量过去的教训和经验决定合并成立一家股份制公司，并完全按《公司法》的条例拟定新的公司章程，明确各自的权利义务。当事人双方一拍即合，不但尽释前嫌，而且重归旧好，在最短的时间里合并注册成立了一家新的公司。

宋鱼水认为：在当事人双方因个人恩怨而引起的纠纷中，法官如果一味地让当事人接受一份判决的话，即便是事实查明清楚，法律适用正确，也有可能是个人的恩怨越结越深，但是法官如果能因势利导，思当事人之所思，做通当事人的工作，让双方打开心结，冰释前嫌，真正走到一起的话，矛盾也就不会再有了。

努力追求双赢

在长期的司法实践中宋鱼水发现，大量的经济纠纷是因为市场机制不完善产生的，仅靠法律很难解决。而企业之间你死我活的缠诉，可能把双方都拖垮，如果法院依职权调解，有利于彻底解决纠纷，使社会效益的损失和社会矛盾减少到最低限度，取得"双赢"的效果。因此，宋鱼水确立了"准确把握公正尺度，引导当事人用信任的方式解决纠纷，鼓励和促进交易，确保经济繁荣和社会稳定"的办案思路。

一房地产公司与一影视公司签订了一份企业租赁经营合同，双方约定：房地产公司将其下属的广告公司及物业管理有限公司租赁给影视公司经营。租赁经营期间，双方发生纠纷，房地产公司将影视公司诉至法院，要求解除租赁经营合同，交回营业执照、公章及租赁经营的财产等等。影视公司则认为自己不存在违约问题。诉讼中查明，影视公司在不到一年的经营期间，使租赁经营的企业盈利100余万元。如果就案办案进行清理、清算，会使一个好端端的企业垮掉。宋鱼水在审理此案时，从维护社会整体经济利益的高度出发，本着对当事人负责的态度，多方调解，与双方的律师不仅进行了法律方面的沟通，而且针对稳定职工、减少社会不稳定因素、防止企

业损失扩大等问题进行交流，希望双方律师在考虑当事人利益的同时也应具备社会大局观。经过努力，两个公司终于达成调解协议。

测绘地图版权之争

从事知识产权审判后，尽管接触的案件和当事人与以往有所不同，但宋鱼水一如既往，坚持站在大局高度和社会的背景下开展工作，最大限度地保护社会生产力，保护先进文化，维护人民群众的根本利益。

一家国家级地图出版社，长期编辑出版中小学教学地图册，并在全国发行。这家出版社出版作品所需内容、图片、图例、引注等，主要由一个测绘单位提供。

后来，随着市场经济发展，这个测绘单位也成立一家出版社，自行出版中小学教学地图册，并在北京、四川、陕西等地试用。双方由此引发争执告到法院。原告认为，对方擅自出版发行中小学教学地图册，侵犯了自己的著作权。被告辩称，作品是利用自己合法取得的资料，组织人员创作完成的，市场经济不允许再有垄断！

这个纠纷，因涉及市场利益重新划分，双方争执很大，你告我，我告你，一直持续三年多。

宋鱼水在仔细阅卷并询问双方当事人后，并没有为尽快结案而草率做出开庭决定。她发现此案纠纷的本质是双方在利益分割、产权界定中的矛盾，而这种矛盾冲突又是计划经济向市场经济转化过程中不同市场主体对原有市场利益和份额重新划分的必然产物，因此如果用判决的方式生硬地解决纠纷，那么不论判决的结果怎样，双方的利益冲突都依然存在，社会矛盾依然没有解决，达不到令人满意的办案效果。于是，她下功夫做好协调工作，多次苦口婆心组织当事人协商，并请双方的上级单位和法律顾问从中做工作，最终成功调解了这一纠纷，彻底结束了这场旷日持久的"拉锯战"。

调和"老字号"

以调解的方式结案符合我国国情，已经成为宋鱼水审判工作中的一门艺术。

桂香村是一个老字号，但是由于历史的原因，京城却有两家工厂都叫桂香村。其中一家还在多年前就注册并使用了"桂香村"商标。另一家注册的商标不同，但在产品包装上也使用"桂香村"字样。这样一来，老百姓很难分得清，一次一家桂香村生产的点心在报纸上被曝光，惹得另一家大为恼火。老字号这金字招牌擦亮不易，毁掉却易如反掌。这个案件受到了社会各界的广泛关注。

按照商标法的一般规则，被告应已构成了对原告商标权的侵犯。审理中，宋鱼水了解到一条重要信息：原被告在 1962 年前是同一家企业，被告现正在进行国有企业股份制改造。历史渊源以及老字号的复杂性、国有企业的困难，都提醒着她：简单地一判了之可能并非是最佳的解决方案。法律的目的绝不仅仅在于打破或制止。为此，宋鱼水与原被告反复长谈，十几次苦口婆心的工作下来，终于促成了当事人的谅解，以调解的方式在报纸上公告了各自的身份和各自的商标，公共利益与私人利益的良好平衡使这一纠纷得到了圆满的解决。

"双赢"是她不懈的追求

宋鱼水成功调解了大量案件，虽然调解成功一个案子所付出的劳动和心血是巨大的，但通过调解，许多面临灭顶之灾的企业起死回生，针锋相对的对手握手言和，当事人能自觉履行义务。这种双赢的结局正是法官对社会发展、对人民群众期望的最好交代。

宋鱼水曾经审理过一个标的较大的进出口纠纷案。原告是北京一家实力非常雄厚的大型央企，被告则是一个经济相对落后的地方政府，人民生活水平不高，还款有困难。

在审理案件时，宋鱼水认真分析了案情后，认为被告方虽然应该承担主要过错，但是欠款还不是恶意所为，而是经营不善导致的风险，应该从保护双方当事人的合法权益出发，既让原告的损失尽可能得到补偿，又能够让被告不至于因此背负过重的经济包袱。宋鱼水在庭外做了大量的调解工作，向原告摆事实讲道理，同时全面了解被告的现实处境和各方面情况。最终使原告与被告达成协议，将被告市政府一辆轿车折价，偿付其对进出口公司的债务。案件获得圆满的解决，以原告撤诉告终。事后，到京应诉的那位被告方的副市长还特意给宋鱼水寄来了一张贺卡，以示感谢。

法官有责任推动发展

作为法官，有责任让不尊重他人权利的人受到惩罚，也有责任保护社会生产力的发展。

在审理一起技术秘密侵权案中，原告的四名员工跳槽注册了一家新公司，生产与原告公司同样的产品，被起诉到法院。被告起初心存侥幸，不愿意承认带走了原告的技术秘密，但当法庭把原告提供的技术代码输入被告电脑后，电脑屏幕上显示出来的生产设备原理图和原告的一模一样，侵权是铁定的事实。

被告一下子蒙了，他突然站起来，说："公司完了，那我们全完了！法官给我们一条出路吧。"说实话，对这种技术秘密侵权行为，一旦判决，被告公司投入的大量资金将血本无归。

对此，宋鱼水想，如果原告许可被告使用这项技术秘密，被告就能转入合法运营，同时，原告也可以得到一笔可观的补偿，调解可能实现双赢。但原告公司发了狠，就想通过判决"治治"被告，说："调解可以，先给100万。"原告开的这个天价对产品尚未投入销售的被告来说，显然无法承受。

宋鱼水一次次地耐心劝调，终于说动了原告，双方达成了一项调解协议：

"被告支付许可使用费 20 万元，同时停止部分产品的生产。"但在制作出调解书后，原、被告又一起来到法院，他们对宋鱼水说："宋法官，调解书的内容能不能修改啊？"宋鱼水以为他们反悔了。原告抢着说，"宋法官，我们俩商量好了，'所有的产品被告公司都可以生产，同时增加 10 万元转让费'。"看得出，原、被告已经跳出了官司的本身，而在考虑今后双方更好地合作和各自企业的发展。

自 1993 年被任命为助理审判员，宋鱼水承办了千余起案件，在审理诸多疑难棘手案件的过程中，她始终保持清醒的头脑，把法律的尊严、大局的意识、人民的利益、社会的稳定时刻铭记在心上，始终坚持做到：追求个案公正与社会公正的和谐统一，追求审判效果与经济社会效果的和谐统一，追求遵循法律与创制法律的和谐统一，追求程序公正与实体正义的和谐统一。

宋鱼水的办案理念和方法影响和启发了周围的同事。他们宁可自己麻烦受累多做解开当事人"心结"的工作，能调解的尽力调解，最大限度地化解社会矛盾。虽然知识产权案件调解难度大，但她所在的知识产权庭的调解率却始终很高，很多当事人都选择了自觉履行，取得了良好社会效果。

用公正和爱去化解信访难题

安某以侵犯其承包的土地使用权为由将村委会告上法庭，一审期间，一边诉讼一边闹访，还扬言要到天安门自焚；二审法院发回重审后，安某不仅无理地一次次增加赔偿数额，更是要求全庭回避。面对满口方言、情绪激动、没有任何法律知识而肆意取闹的安某，宋鱼水费尽心思深入了解事实，洞悉人性，多方工作，直到走进安某的心里，最终不但实现了安某与村委会的握手言和，还与安某一起共同努力落实了安某儿子的高中就读问题。

安某是河北人，年轻时就到北京谋生，现已五十多岁了。2000 年，北京市海淀区某村委会将 20 亩土地及一块三角地承包给了该村村民沈某，后沈某转包给了安某。安某在该块地上轮种玉米和大白菜，定期拉到附近早市出售，维持生计。2009 年，村委会与沈某解除了土地承包合同，后又将改造道路的沙石料堆放在了该三角地内，相关部门还在该块地上架起了一座信号塔。这下把安某惹怒了，认为村委会与沈某的解除合同是无效的，将之告上法庭，要求清理沙石料，拆除信号塔，恢复原状，赔偿经济损失 2 万元。村委会辩称，其与沈某的承包合同约定，承租方没有向第三方转租的权利，如果转租，出租方有权解除合同。

一审法院经审理，判决村委会赔偿安某 1.2 万元，驳回其他诉讼请求。安某不服，上诉至中级人民法院。二审认为一审法院法律关系定性及法律适用上有误，且应追加沈某参加诉讼，发回重审。

由于包地种菜是安某在北京维持生计的唯一依靠，加上没有任何法律知识，在一审期间就开始不断闹访，发回重审后，安某夫妇情绪异常激动，"理直气壮"地将赔偿数额一次次从两万一直增加到二三十万，并要求全庭回避。在回避申请被驳回后，更是天天到法院闹访，每次都要求主管副院长宋鱼水亲自接见，见不到就坐地不走。面对满口方言、情绪激动的夫妇，宋鱼水一次又一次地耐心接待，但多次苦口婆心的劝说解释也没有换来他们对法庭的信赖。宋鱼水一方面当机立断，安排另外一个庭的性格温和的法官来处理该案件，另一方面，鉴于安某夫妇诉讼能力较差，又煞费苦心地为安某指定了公益诉讼代理律师，希望能帮助他们顺利地进行诉讼维权。可是，由于安某无理的要求和分歧，连律师也放弃了代理，扬长而去。

但宋鱼水没有放弃。经过不断努力，取得了镇里的支持后，宋鱼水主持了由村、镇代表、安某夫妇参加的调解工作。结果，镇政府表达法律意见的话音未落，安某就跳起来咆哮着与对方对峙，最后双方都窝了一肚子火，无果而终。

此后，安某夫妇把他们初中刚毕业的孩子也带来法院一起闹访。经过一番耐心温馨交谈，得知孩子是家里的独生子，且生在北京长在北京，孩子说这个案子的事解决不了他就上不了学。宋鱼水脑子里闪现出"新生代农民工"一词，这让她意识到妥善解决这个案件的更加强烈的责任感。

经过仔细调查了解到，村里像安某这种承包模式的还有很多，法院通过反复解释建议继续履行合同，得到了村长同意。宋鱼水和所承办的法官磨破嘴皮多方沟通协调，最后组织镇长、村长、沈某、法官和安某夫妇在法庭进行悉心调解，最终在友好、温暖的氛围中，案件得以成功调解。没料到领完调解书后，安某又提出要求法院为他解决孩子的高中就读问题。但是，宋鱼水并不认为这是一个过分的要求，她认为只有解决了孩子的问题，才能真正解决安某的闹访问题，才能真正"改造"安某。于是宋鱼水通过与河北妇联等部门的联系和说明情况，另有安某自身多方辗转和努力，终于解决了孩子的就读问题。安某一家挂着笑容再次来到法院时，不仅带来了儿子的入学通知书，而且用一面鲜红的锦旗表达对法官的赞许。

宋鱼水认为，在我们目前的国情下办案，法官是在制度体系下解决问题，不仅要多思考、多付出一些，还要抓住恰当的时机教育当事人，解决当事人的制度纠结。法官的职责不仅仅是实现法律，更重要的是实现公正。

在宋鱼水十多年的审判生涯中，有的当事人有感于她严谨、真诚的作风，愉快地接受了法院的调解建议；有的当事人折服于她高超的审判能力和法学修养，主动地修正了自己的诉讼请求；有的当事人读了她的判决书，自觉地履行了法律义务；有的当事人听了她的解释，自动地撤回了起诉；有的当事人尽管出于自身经营的考虑提出上诉，但对宋鱼水的工作表示充分肯定，甚至委婉地表示了歉意。宋鱼水认为，

▷ 沉思中的宋鱼水

对于一名法官，鲜花和掌声固然是一种激励，但更重要的是人民群众的信任。胜败是法律的尺度，而信任是无言的丰碑。

→ 真水无香，不彰自显

——和风细雨始得润物无声

★★★★★

在日常生活中，宋鱼水是一个温和柔弱的女子；在法庭上，宋鱼水是一个不失威严的审判长。论声音宋鱼水一贯都是轻声细语，她的威慑力不是靠洪亮的声音或刻薄的语言咄咄逼人，但是她依靠法律的威严，依靠充分的说理，依靠准确的判断显示出强大的威力。

在旁听过她的庭审之后，有的旁听者这样形容自己的感受："这让我联想到一个伊索寓言，'大风和太阳比威力'，大风说'我的威力大，我能把地上走的那个人衣服吹掉'。经过一阵狂风，那个人把衣服裹得更紧。太阳出来后，在暖洋洋的阳光照射下人们很自然地脱掉了外衣。宋鱼水在法庭上的细致、严谨但又平和亲切的风格，就仿佛阳光通过无形的力量让人折服。"

一个有水平的法官会在充分尊重当事人合法权益的基础上，以事实为依据，以法律为准绳，通过说理和正确的判断使双方当事人信服，从而显示出法律的无比威力和尊严。

换位思考解心结

善于换位思考，理解当事人苦衷，把握当事人心态，这是宋鱼水审判方式的一个特点。在宋鱼水任副庭长时，一次，一位当事人因为对某法官做出的判决结果不满抓住判决书中的一点瑕疵，找到宋鱼水，要求法院将判决收回，重新审理。对于这一要求，宋鱼水当然不能满足，但她没有简单地将当事人一推了之，或者生硬拒绝。她通过观察，了解到当事人对案件裁判不满的症结所在，耐心地加以解释，并认真为当事人提出解决问题的途径。但在气头上的当事人根本听不进去，在吵闹了一阵之后，临走前还气哼哼地要求宋鱼水限期答复。可让他没想到的是，两天后宋鱼水主动给这位当事人打了电话，并约他再到法院来谈谈案件的情况。已经从激动中平复过来的那位当事人，首先被宋鱼水的这种真诚、执着的态度感动了，心平气和地听从了宋鱼水的指导和意见。

宋鱼水的同事们常说："小宋就是有这种本事，让当事人心悦诚服地接受法律指导。"宋鱼水将调解工作做得被同事们视为一种艺术，除了她能够从宏观上着眼纠纷产生或当事人发生矛盾的根源，依循法律规定发现问题的突破点之外，能够设身处地地为当事人着想是使她经常能够提出让双方当事人都能够接受的协商方案并促成调解达成的又一重要因素。

在与宋鱼水讨论案件时，常能从她的口中听到这样的话："当事人也很不容易……"体谅当事人的不易似乎已经成了宋鱼水在思考问题时一个自然而然的视角和出发点。而作为法官，宋鱼水自己为了促成一个双赢的结果，往往也付出了很多很多的努力。

保持距离不是保持冷漠

法官必须处在中立的位置上裁决纠纷，当事人最关心的也是这一点。受西方法律观念的影响，不少人一直认为跟当事人保持距离是保证中立的方法。谈及此点，宋鱼水总会在表示同意之余委婉地提出补充意见："保持距离不是保持冷漠。"

有一位老年妇女，声称有人抄袭她的文章。案件的事实发生在上世纪50年代，证据难寻，官司难打。有一天，她找到正在值班的宋鱼水咨询。宋鱼水解释一句，她就竹筒倒豆子般地说上二三十句。宋鱼水索性静静地听着、陪着。直到晚上6点半，老太太终于长舒了一口气。分手后，宋鱼水到食堂吃饭，突然想起那位老太太可能被锁在办公楼里。由于老人没有手机，宋鱼水马上按照老人在案卷中留下的家庭电话联系，但没人接。后来，

△ 宋鱼水主持当事人之间达成调解协议

宋鱼水每隔 10 分钟就给老人的家里打一个电话，直到晚上 8 点多，终于联系上了那位老人。老太太听到后，十分感动，反复地说："没想到你还惦记着我。"正是宋鱼水用这样的善良、温柔和耐心，给每一位当事人送去鱼水般的温暖，让老百姓体会到社会的温暖和法律的温情。

把法律送进科技园区

中关村科技园区是全国第一个国家级高新技术区。从 1988 年国务院批准建立以来，主要经济指标以每年 20% 以上的速度递增，GDP 占了全国 53 家高新区总量的六分之一，在 100 平方公里范围内，聚集着上万家生机勃勃的高新技术企业，已经发展成为世界瞩目的高科技园区。园区的健康发展，离不开良好法制环境的保障。作为全国第一家基层法院知识产权庭，宋鱼水和她的同事们，为此付出了艰辛的努力。

针对不少科技企业对知识产权的认识还很肤浅，品牌意识、创新意识比较淡薄，还不懂得知识产权是高新技术企业的核心竞争力，是企业发展的"命根子"。知识产权庭的法官们经常结合司法前沿趋势和热点到园区，咨询讲课，座谈研讨，解答企业遇到的法律难题，主动为园区提供法律服务，指导企业设立法律机构，制定《技术秘密保护章程》《商标保护制度》，引导企业使用法律武器捍卫知识产权，同时通过审判工作，加大知识产权保护力度。他们精选三个典型案例，指导企业注意保护商标、避免商业利益受损。针对41件虚假宣传案件反映出来的问题，给企业们提出了四条司法建议。

为了优化中关村法制环境，他们积极参与制定《中关村科技园区条例》，梳理了大量案例，从法律的角度提出许多有价值的建议。其中，关于鼓励取得自主知识产权、保护网络信息、规范使用网络行为等内容都被采纳。这个《条例》是我国第一部关于科技园区的法规，实行后，在园区起到了很好的规范作用，并被国内许多高新技术区借鉴。10年过去了，"保护知识产权"成了中关村最醒目的广告，也成了每一个企业最自觉的行动。

他们的耕耘，获得了丰厚回报！如今，联想、方正、用友等一批科技企业，从小到大，由弱到强，走向全国，走向世界；拥有我国自主知识产权的CPU芯片，结束了中国无芯片时代；一些外企进入园区，担心知识产权得不到保护，听了关于知识产权庭的介绍，就觉得心里有了底儿。现在，微软、IBM、摩托罗拉等一大批世界知名企业都在中关村设立了研发机构或子公司。

将审判效果发挥到最大

在宋鱼水审理的一起某公司诉一建材公司的案件中，由于双方争议的标的是一种新型建筑材料，且已经在六个车间的厂房使用，合同效力的定性问题至关重要。此案也引起了许多企业和市民的关注。为了准确定性，她走访了许多权威质量检测部门和专家，进行了细致的调查取证，最后圆满地审结了此案。此案的判决取得了良好的社会效果，北京电视台专门就此案的审理做了新闻报道。宋鱼水也两次到北京广播电台进行直播，针对此案向市民进行法律分析。有的公司为了规范企业经营行为还将此案作为范例进行讲解。

言传不如身教

在日常的工作和生活中，宋鱼水是一个热心的庭长，对同志们充满着无私的关爱。结合本庭人员素质高、业务能力强的特点，她摸索出"人文化管理"的领导方式，通过生活上贴心关照，业务上悉心指导，纪律上严格要求，气氛上民主活泼，使全庭同志能够全身心地投入审判实践和业务理论研究中。

年底，庭里的一位家在外地的年轻女同志被组织上委派出国学习，回国时已是腊月二十九的清晨，要离开北京回老家已经来不及了。事后，这位女同志这样回忆当时的情景："当我推着行李车，低着头匆匆地走，不想看到那些翘首期待的人们和热烈相拥的眼泪。避过热盼的人群，我从机场出口向左转，突然听到熟悉的声音：'小马、小马，看这儿！'我扭头一看，宋鱼水正从人群中挤向我，手里捧着一束洁白的百合花。我一时怔住，她怎么会来，她怎么会去买花，她怎么知道我喜欢这种花？她爱人笑着说：'我们家这位头一次这么浪漫，问了一圈才知道你喜欢百合，说你一个人在北京，没人接心里该难受了。'看着怀中洁白、素雅、溢着幽香的百合花，我轻轻地叫了一声：宋姐……就再也说不出话来。"

言传不如身教，宋鱼水经常利用身边的案例时时告诫庭里的年轻人：一个优秀的人不仅要有情有义，最重要的是正，正气永远感召人的觉悟。宋鱼水的精神时时刻刻感召和教育着庭里的年轻人。在一次演讲比赛中，宋鱼水庭里的一个年轻同志以"当奉献成为习惯"为题，进行演讲，这样说道："和宋鱼水老师相处时间不长，我到经一庭报到的时候她正在国外学习，刚回来不久又调到别的庭室去了。但是对她身上不时会有的麝香虎骨膏的味道我却特别熟悉。即使是在人声嘈杂、气味繁复的食堂，我也曾仅凭借这股气味把她认出来。可能是腰上有病，我想，因为常看她叉着腰很费力地走动。当时还一直想问来着，但因为还不太熟悉，没好意思。不知道现在能不能问一声：宋庭长，您的腰好点了吗？尚秀云和宋鱼水可能是整个法院系统被媒体关注最多的人。但无论是电影《法官妈妈》里虚构出来的有点惊险的情节，还是《人民法院报》连篇累牍的报道，都不曾也不可能注意到她的不锈钢饭盒和她的麝香虎骨膏。但这些正是我们作为后辈晚生，作为同事了解她们、熟悉她们并敬重她们的依据。她们当然更出色，更有知名度。但是没人觉得她们更特殊，因为她们来自我们，代表着我们。和她们一样放弃休息、忍受病痛坚持工作在审判一线的又何止是她们两个？其实，她们和我们有着共同的特点，一个相同的习惯：那就是奉献。奉献已成为习惯。"在她的带动下，不仅宋鱼水个人取得了一个个荣誉，知识产权审判庭也取得了出色的成绩，他们的法律文书、案件、论文在院内、北京市和全国法院系统都获过奖，2002年知识产权审判庭荣立集体二等功。2003年，又因成绩突出荣立集体一等功。

她对家庭的理解

每一位职业女性在面对事业与家庭时，总会遇到自我角色定位上的困惑和矛盾。对此，宋鱼水有着自己的理解和看法。

2003年8月25日，在中国妇女九大代表团驻地，宋鱼水在接受媒体关于"女性是否应该回归家庭"采访时表示，反对没有条件地空谈"女性回家"。她认为社会需要一种合

△ 宋鱼水在法庭

理的分工，对家庭的照顾和对子女的教育这些被传统认为属于女性或适应女性的责任一样是具有重要社会意义和价值的，属于社会分工的应有组成部分。女性甚至男性选择回归家庭都应被尊重，这是个人的权利。不应将是否从事职业工作作为对女性地位和价值的唯一判断和考量。但同时，宋鱼水也看到并亲身体会着很多职业女性面临的矛盾——工作忙碌紧张、年幼子女的渴望、对家人疏于照料的歉疚……宋鱼水认为：也许是法官这个职业本身就要求要学会在各种矛盾中寻找平衡，所以她始终尽量体谅和照顾到爱人的感受，在家庭生活和子女教育问题上，协调各种矛盾，积极通过各种机会和方式补偿自己对家庭应有的责任，维持着自身既是妻子、母亲，又是法官、庭长的多种角色责任。

要尽一个母亲的责任

宋鱼水刚独立办案那年年初，工作特别忙，爱人又在远郊县工作，她只好狠狠心，把不满周岁的儿子送回山东老家。

年底，她又承担起全庭到外地送达和调查的任务，从冰天雪地的东北小镇到寒风刺骨的中原大地，从茫茫无际的内蒙草原到阴雨连绵的岭南地带，四处奔波。一回到北京，她把手头的工作交代清楚，就买好当天的火车票，迫不及待地往山东老家赶，一路上将要看到儿子的幸福和焦急使她坐立不安。

当她蹲在儿子面前，满怀欣喜地伸出双臂，轻声叫着儿子时，儿子却紧紧贴在姥姥怀里，只是不断用眼睛的余光偷偷打量她，"孩子不认识妈妈了！"

那一刻对宋鱼水而言，时间似乎凝固了。过了好一会儿，孩子的眼神开始变得热切，他伸出小手试探着触了一下宋鱼水的脸颊，突然，他一头钻到妈妈怀里，轻轻地叫了一声："妈妈！"

任何一位母亲都无法不被这样的情景所打动，宋鱼水感到自己的心当时仿佛一下子被揉碎了，她泪流满面。也许是心中涌起的酸楚和委屈使她这样一位面对困难、面对当事人的误解和刁难都很坚强的法官在孩子面前如此柔肠百结。

假期一满，宋鱼水毅然把孩子带回了北京。为了工作，她可以暂时把孩子放回老家，托付给家人照料；但为了孩子在童年能拥有完整的母爱，宋鱼水决定再苦再累也要把孩子带在身边，尽到一个母亲的责任！

生活中的宋鱼水是一个爱笑的人，每调解成功一个案子，她都觉得自己是做了一件好事，而这会让她感到很快乐。这是在一次采访中的一个片断——记者问："打官司本来是一件不快乐的事，你如何把这种不快乐变成一种快乐的？"宋鱼水回答："当事人给你一个不快乐，你还她一个快乐，那你不是更快乐了吗？"宋鱼水自述："西方有一句名言，如果一个国家培养出一个法官，他就能够保证这个国家，在这个法官有生之年的公正，如果这个国家能够培养出几代法官，就能够保证这个国家永远地公正。"

→ 学无常师，择善而从
——与时俱进方能常用常新

★ ★ ★ ★ ★

虽然是名牌大学的毕业生，但宋鱼水从不自满。为了适应时代发展和工作需要，她为自己确立了争当专家型法官的目标：法学理论要达到一定的学术水平，能站在学术前沿思考各种法律问题；能在办案中运用理论解决疑难问题，办出高质量的案件。

为此，自己一边工作一边学习。1998年，她再次通过人民大学的系统学习，拿下法律专业硕士学位。2001年，她又通过外语考试，被市委政法委派往国外进修。

在北京市海淀区人民法院宋鱼水的勤奋刻苦是出了名的，她抓紧一切可以利用的时间学习，茶余饭后、坐车上下班都被用作读书、思考；她抓紧一切可以丰富自己的机会学习，观摩开庭，讨论案件，考察交流，细心捕捉和汲取各种知识；她虚心向周围一切有专长的人学习，老师、同事、律师，甚至当事人。刻苦的学习和不断的实践为宋鱼水的审判工作敞开了广阔的空间，提供了开阔的思路。

开创性的判决

1998 年，宋鱼水审理了一起经销权纠纷案件，事情的起源来自一篇报道一家公司在经销各种品牌的啤酒时，把大量过期啤酒的生产日期进行涂改后倾销，这种违背诚信、违反法律的行为引起了消费者的愤慨。报道一出，这家公司经销的各类啤酒销量一落千丈，其中有一个品牌的啤酒损失最为惨重，不但在这个省的销售量下降，全国市场也受到影响。无辜受到牵连的总经销商就单方终止了这家公司的经销权。这一下，他们不干了，到法院起诉，说："我公司没有违反双方合同的约定，总经销商单方终止合同履行属违约行为，应该承担由此产生的一切法律后果。"

因为当时我国法律对经销权问题还没有规定，案件如何能得到公正审理，成为法院和企业界共同关心的问题。当时，有一种认识："这家公司既然没有违反合同约定，总经销商收回经销权似乎没有道理。"但这个案子如果就这样判了，对于无辜遭受损失的总经销商，公正体现在哪里？对于损害经营伙伴、欺骗消费者的行为，法律的导向作用又体现在哪里？一想到这个案子，宋鱼水的心就难以平静。

在审理过程中，通过双方主张的事实和提交的证据，宋鱼水根据涉及的法律原理、商业惯例，创造性地提出，该案所涉及的合同"系以经销权为基础，经销权为主合同关系，购销为从合同关系"，并进而认定合同为经销合同。由于当时就经销合同我国尚未有明确的法律规定，也没有先前的判例作为参照，如何对案件进行裁断是作为法官的宋鱼水面临的一个巨大挑战。

宋鱼水没有局限于司法实践的不足，没有机械地引述法律原则，而是充分发挥庭审功能，把握案件争议焦点，并在庭审后广泛查阅大量资料，参考国外相同的案例，和同志们开展研讨。她向工商总局法规处等单位进行调查咨询，向有关专家学者请教，跑到图书馆查阅国外相关的案例，在对案件事实、法理依据都有了明确了解后，在长达 6000 余字的判决书中，宋鱼水创造性地将丧失商业信誉作为解除经销权的法定事由，用法律原则作为裁判的依据，并将证据质证与认证等写入判决，对判决书体例进行了创新。该案的审理得到了旁听的北京市各委办局的 60 多位领导的好评。

后来，这份判理充分、逻辑性强的判决书，被许多法院作为范例，并被评为北京市法院民商事审判优秀裁判文书一等奖。令人欣喜的是，后来颁布的《合同法》把诚实信用作为基本原则，进行了充分的肯定。

法律应保护合同的履行

2002 年，宋鱼水审理了某科技公司诉某技术公司软件开发合同纠纷一案。该科技公司与技术公司签订《某医院管理信息系统分包合同书》，依据该合同书，某技术公司承担某医院管理信息系统工程中数据库软件供货安装调试、应用系统软件开发与安装调试工作。但合同书及需求确认书中未对药品编码问题进行约定。某技术公司按照自己原有的药品编码程序进行了开发，在为某医院安装时，双方产生分歧，该医院要求按照 97 标准进行修改，某技术公司因修改费用及工作量问题不同意修改。双方分歧产生后，各自向对方提出了附条件的解除函件，在未达成一致意见的情况下，某

△ 宋鱼水接受公众法律咨询

技术公司撤除，某科技公司委托第三人完成了开发义务。

很明显，在软件开发时应使用什么药品编码程序是案件的焦点，经向国家有关部门调查，目前，在国内尚未对此进行行政管理，一般从合同约定，但本案纠纷所涉合同没有相关约定。从该案案情分析，该类所引发纠纷的合同属委托开发合同，该类合同由于涉及的内容比较多，常常是当事人边履行边商议，对履约内容产生分歧更是常发生的事情。通常情况下，是本着促进交易的原则，尽量依据《合同法》61条、62条的条款，判决当事人继续履行合同。但意外的情况还是存在的，这就是当事人履行已没有基础、履行费用无法解决等等，该案纠纷就属这种意外情况。

经过反复研究，宋鱼水与合议庭其他成员最终形成了一致意见，《合同法》中当事人行使解除权，一是协议解除，二是违约解除。基于这样的规定，当事人约定不明或没有约定的情况下是无权解除合同的，那么，从逻辑上讲，不按照《合同法》的规定执行，就是一种违反法律的行为，所以合议庭在判理中表明了双方应继续履行合同的态度。同时，鉴于双方终止履行合同的事实按照双方过错原则处理了本案纠纷。本案判决后，当事人均未上诉，达到了服判息诉的良好效果。

该案的判决指明了在合同履行中应如何解决合同里没有约定的内容；合同履行阶段是否仍然存在缔约过失责任；在约定不明或没有约定的情况下当事人无权解除合同。

在实践中，该案也带来了巨大的社会效益。科技园区的大批高科技企业多以技术开发、产品研发为其主要业务，该案的审理为高科技企业如何规范地开展上述业务、维护自身合法权益提供了参考意见。

法律应当保护善意的合同

曾经有一个时期，无效合同纠纷案件大幅增多。在审理中宋鱼水发现这类案件有一个特点，即相当一部分当事人都在一定程度上履行了合同。如果简单、机械地全部作为绝对无效合同处理，不利于保护业已形成的客观经济利益，不利于经济发展。于是，她提出这样的新观点：保护经济效益是司法公正本身的应有之义，既然这样的无效合同已经履行，只要当事人双方都是善意的，且不违反国家的法律、行政法规的强制性规定，那么已经形成的客观经济利益就应当受到法律的保护。在办案时，她坚持不全

△ 宋鱼水与同事们座谈

都按无效合同处理，特别是形式上无效的租赁合同、超范围经营案件等。同时，针对无效合同的一些立法与司法问题，她结合司法实践进行系统总结，以《无效合同的认定和处理》为题撰写了论文。此文的发表，在法律界引起关注。

全国首例"部分判决"

这些年，许多企业怕打官司，一个重要原因就是耗不起时间。企业说，时间会把资产变成债务，把利润变成亏损，把优势变成劣势。于是宋鱼水所在的庭室充分利用司法裁判手段中的"诉讼禁令"、"部分判决"等方式，公正、快速结案，减少企业在纠纷过程中的损失扩大，最大限度维护企业经济利益。

2002 年，国内两家著名经销杀毒软件的企业，因为不正当竞争，官司打到法院。这是两家每年赢利上千万元的企业，官司的输赢，将直接决定其未来市场份额的分割。对此，宋鱼水带来该庭法官进行了精心审理。

经过审理发现，侵权行为属实。但由于对双方投资成本、

△ 宋鱼水与同事做客新华网

销售价格、市场份额等问题需要考证，短期难以评估损失程度、确定赔偿数额。拖下去，两家公司都会受到更大影响。于是宋鱼水他们在全国首次依法适用"部分判决"，先宣判侵权方停止侵权，消除影响，然后再专门拿出时间进行调查、审理。这样，既避免了胜诉方损失的扩大，也减少了败诉方的赔偿数额，切切实实地保护了双方当事人的利益，赢得了企业的尊重和信任。

首张"诉讼禁令"

2003 年，中关村科技园区两家公司因著作权纠纷打起了官司，这起案件涉及到民间剪纸作品著作权界定、权利瑕疵等复杂的法律问题，短时间不可能审理完。受害方觉得，公司为了创作作品，花了很长时间，投入了几十万元，当成主打产品投放市场，由于盗版成本低、价格低，严重影响了正版作品的市场竞争力，不仅使自己的预期利润实现不了，而且对自己已经占有的市场可能造成毁灭性打击，甚至影响公司的生存。对法院能不能尽快判决，这家公司全体员工焦急等待。宋鱼水和她的同事们针对这种情况，果断使用"诉讼禁令"，裁定被告立即停止制作和销售。

"诉讼禁令"是为了避免当事人损失扩大，法官在判决之前对侵权行为下达的停止令。这是 2001 年《著作权法》修改时新增加的规定，他们是在全国首次适用。大胆使用这一规定，是基于对法律精髓的把握和对当事人认真负责的精神。

宋鱼水和全庭的同事为了攻克法律难题，到中国工艺美术学院、中国戏曲学院请教作品中涉及到的京剧脸谱问题；利用节假日，还到天津杨柳青、河北蔚县找到剪纸民间作品发源地，追根溯源，详细考证。在此基础上，依法做出了准确的判决，双方都很服气。这个案件判决后，即便是胜诉公司也受到了法律的教育，他们反过来查找自己，觉得自己的作品中有的部分也侵犯了他人的权利，于是主动找到权利人申请授权。公司经理说，打完这场官司，使自己明白了"出牌"要按"牌理"，告别人自己首先要做好。

不知疲倦地学习

面对市场经济条件下审判工作实践中出现的新难题，面对随着海淀区知识经济发展不断涌现的众多疑难、新鲜、重大案件，宋鱼水认为单靠以往的经验和一张笑脸、两袖清风已不能适应时代和工作的要求。为此，她决心边工作边学习，在她攻读硕士学位期间，她克服工作和生活上的压力，刻苦钻研法学理论，取得了优异的学习成绩，3.6 万字的毕业论文《论合伙企业财产》得到了教授们的一致好评。在调入知识产权审判庭后，她更是抓紧一切时间熟悉有关法律规定，体会法律制定的原则、目的。时间紧张，除了加班加点，她连一些零碎时间也不放过。在知识产权庭，宋庭长早晨一边做早饭一边背法条，在粥香中熟悉法律的事情已经成为众所周知的美谈。

宋鱼水不但在工作上勤勉努力，在理论上也有所创新，她的论文《论初任法官的工作理念和方法》为其中之一。

由于案多人少的工作原因，北京市高院连续几年处在进人的高峰期。这些新入院的大学生经过三年的工作历练绝大多数被任命为代理审判员，取得法官资质。随着大量的初任法官充实到法院队伍中来，初任法官的工作理念和方法不仅关系到他们自身的发展，还会影响到法院队伍的未来。

△ 宋鱼水在阅卷

故本文从工作经验的角度对初任法官应该重视的十个方面：结案数量、结案质量、理想信念、职业精神、人际关系、判决、调解、工作定位、公正的刚性和柔性、丰富的内心世界做了有重点和针对性的强调、分析，供初任法官参考和领导、同志们批评指正。

2000 年 9 月，北京市海淀区人民法院组织部分法官赴美培训，宋鱼水承担了撰写考察报告的任务。和她住在一个房间的同志在半个月的朝夕相处中发现，尽管每天的考察日程安排得很紧，但宋鱼水一直坚持每日及时整理当天的资料，记录行程中的感受和收获。

白天，她和大家一起参观、学习，针对域外的司法体制、管理方式总是她提问最多。当同伴们在旅行中受不了时差带来的困意，随着车身的摇摆而入睡时，宋鱼水则克制住自己的睡意，注意观察途中见到的事物，甚至注意到了行人的各种表情，还不耻下问地向翻译提出很多问题。上课时，她聚精会神地听讲，对每一个细节都要问到听懂为止。到了晚上，她又抓紧时间在灯下整理笔记，书写报告，听英语录音带，系统地整理一天的笔记、阅读收集的资料，总是睡得最晚。有同志建议她充分利用在国外的时间休息休息，利用空余时间多出去走走、看看，报告可以留到回国以后再写。她却说，利用点滴时间写好报告，不仅可以在第一时间真实、完整地记录下考察的内容，而且可以节省下回国后的时间，回去后还有那么多工作在等着，要尽快回到审判岗位投入工作。就这样，甚至在回国的航班上，她还是在争分夺秒地改改写写。就是在这样的努力下，回国的第二天，全团第一份报告—— 一份文字优美、说理透彻、记载全面、颇有见解的报告就交到了领导手中。

数字图书侵权第一案

担任知识产权庭庭长后，她迅速熟悉知识产权审判业务，身体力行带头审理大案、难案，要求每一起案件、每一份法律文书都成为精品。

2002 年，中关村科技园区发生了一件某著名学者诉一家数字图书馆的著作权侵权案。数字图书馆不属于传统意义上的图书馆，过去图书馆是"书上架"，数字图书馆是"书上网"。过去借书必须到图书馆，现在通过网络就可以同时实现多人借阅。这些优势决定了建立数字图书馆具有很大的赢利空间，因此，许多人瞄向这个行业，跃跃欲试。可当时，对数字图书侵不侵权，法律没有明确的规定，更没有审判实践。这起案件的审理，不仅影响到双方当事人的实际利益，而且事关中国数字图书馆的发展方向，众人瞩目，翘首以待。

宋鱼水和她的法官同事们，知道这起案件的分量。他们把探索法律前沿问题和园区发展中出现的新问题融合在一起，查资料，搞论证，找依据。他们认为，这个公司不属于公益性的，其行为侵犯了著作权人的信息网络传播权，随着互联网的广泛运用，数字使用方式会给著作权人带来更大的损害和影响。因而判决构成侵权。这个案例被评为当年全国十大著作权侵权案件之首，登上了《最高法院公报》。像这样"全国首例"、"全国第一起"的案例,宋鱼水和她的同事们办理了多起。他们就是这样通过追求法律精神，

△ 宋鱼水与海淀区法院知识产权审判庭的同事们

给出明确判断，使一个案件引导着一个行业向正确的方向发展。

企业说，发展没有坦途，法律就是"路标"，沿着它走，就走不了岔道。实践也证明，处在转型期，从无序到有序，让企业形成理性的市场运行模式和思维，法律说话最有说服力。近几年的互联网纠纷、著作权侵权、不正当竞争、侵犯商业秘密等案件，每一时期的案件都对市场秩序形成了冲击，影响着企业的正常发展。这些问题不解决，就会使市场陷入盲动和紊乱，成熟健康的竞争环境就难以形成。

对此，宋鱼水和她的同事们着眼发展大局，创新适用法律，平等保护企业的合法权益，促进法律与社会行为规范的整体互动，推动企业在法制轨道上健康运行。

我们身边的宋鱼水

北京市公安局学习宋鱼水同志座谈会

宋鱼水是首都政法战线这块沃土上成长起来的新型法官，她以生动的审判实践回答了"什么是司法为民，如何服务发展，怎样让人民满意"。她是新时期首都法官的杰出代表，是我们学习的榜样！

——北京市海淀区人民法院常务副院长陈琦

公正司法的好法官 倾心为民的好党员

★★★★★

陈 琦

宋鱼水是海淀区人民法院知识产权庭庭长，今年38岁。1988年入党，1989年，从中国人民大学毕业后，分配到海淀法院，先后从事经济和知识产权审判工作。她作为一名普通共产党员，热爱审判事业，恪尽法官职责，公正执法，倾心为民，先后荣立一等功两次、二等功两次，曾获"十大杰出青年法官"、"人民满意的好法官"、"全国模范法官"、"中国法官十杰"、"全国三八红旗手"、全国"五一劳动奖章"和"北京市人民满意的政法干警标兵"等荣誉称号，被人民群众誉为"辨法析理、胜败皆服"的好法官。

宋鱼水坚持公正执法，把法庭作为公正的殿堂，努力使每一起案件都经得起历史的检验。

作为基层法院的法官，宋鱼水经常面对很多"不起眼"的小案和法律知识欠缺、又请不起律师的当事人。为此，她给自己约法三章：第一，不轻视小额案件，因为小额案件往往涉及百姓生活；第二，公平对待每一个当事人，不管是外地人还是本地人，无论是掏不起诉讼费的贫民百姓还是腰缠百万的富翁，都本着善良和正义来适用法律；第三，不论什么样的当事人，都以宽容的态度对待，充分尊重他们的尊严和利益。

有位大学教师，牵头把几位同事凑起来的60多万块钱，借给了某市政府驻京办事处。原以为能得到高额回报，没曾想几年过去，连本金都收不回来。每次催要，办事处都以种种理由拖延。学校要集资建宿舍楼，教师们急着用钱，他们三天两头找牵头人，无奈之下，这位教师来到法院。

案子到了宋鱼水手里。刚开始，被告很不配合，甚至提出海淀法院对这个案子没有管辖权，要打官司也得去当地。宋鱼水决定先做被告代理人的工作，向他说明海淀法院拥有管辖权的法律依据，详细介绍老师们等房多年的迫切心情，并明确指出，政府部门作为民事诉讼的一方，更应该表现出高姿态，给人民群众树立诚实信用、崇尚法律的榜样，即使存在困难，也要拿出积极的措施来！入情入理的分析说服了这位代理人，他当天就返回本地，向该市政府报告并制订还款计划。第二天，又急忙赶回北京，与大学教师达成协议，承诺本金与约定利息一次偿还！

教师拿到钱，十分感叹地说："自古民不与官争。我们打赢了官司，都是因为法律，因为遇到了秉公执法的好法官！"

法官执掌着审判权，因而，一些当事人总想通过托人情、拉关系来达到自己的目的。面对这种情况，宋鱼水始终认为，作为一个人，不可能没有私情；但作为一名法官、共产党员，必须是一个高尚的人，一个牢守正义永不动摇的人。

宋鱼水就读过的学校，就在海淀。老同学有的当了律师，有的下海搞企业、办公司。这些年，他们也难免因为有纠纷来到法院，当然也希望老同学宋鱼水经办。每遇到这种情况小宋就劝说他们：要相信法院，相信每一个法官。对分配给她的案子，只要发现有需要回避的，她就主动申请回避。有人问小宋，有没有难以推却的人情？她说："人情和利益往往连在一起。只要不贪，就没有什么推不了的人情！"

当事人对裁判满意，也会真诚地感谢她。有的邀请她出席企业的活动，有的邀请她参观旅游。宋鱼水总是告诉他们："我有权代表国家审判，但无权代受谢意。裁判一下，案子和关系就应该一块儿了结。"

十余年来，宋鱼水所承办的案件，没有一件裁判不公，没有一件被投诉或举报。她没有收过当事人一件礼品，没有办过一件人情案。在海淀法院，只要谈起宋鱼水，领导都会说："小宋这人，我敢打保票！"

宋鱼水坚持辨法析理，把法庭作为宣传法律的课堂，努力使当事人赢得堂堂正正，输得明明白白。

一家国家级地图出版社，长期编辑出版中小学教学地图册，并在全国发行。这家出版社出版作品所需内容、图廓、图例、引注等，主要由一个测绘单位提供。后来，随着市场经济发展，这个测绘单位也成立一家出版社，自行出版中小学教学地图册，并在北京、四川、陕西等地试用。双方由此引发争执告到法院。原告认为，对方擅自出版发行中小学教学地图册，侵犯了自己的著作权。被告辩称，作品是利用自己合法取得的资料，组织人员创作完成的，市场经济不允许再有垄断！

这个纠纷，因涉及市场利益重新划分，双方争执很大。宋鱼水认真地询问了原、被告双方，并走访了他们的上级单位，了解到问题的症结所在。随后她邀请双方领导，认真讲解了著作权法的一般原则、地图作品和教材著作权的特殊性，还帮助双方从社会经济发展趋势、企业发展前景等角度来考虑纠纷的解决，最终让双方冷静地坐了下来，面对面地拿出了一个解决方案，使这起漫长的争诉彻底了结。

宋鱼水认为，法官不仅要确保案件公正审判，也要把道理讲清楚。在她的法律文书里，枯涩的法律条文往往被转化成为通俗易懂的生活规则，她常常为一个问题的说明而认真推敲，目的是能将法律的原则表达得合情合理。她也常常为了一句话的表述而反复斟酌，目的是找到一种让当事人能接受的语言。宋鱼水主持庭审的能力也是公认的。一位多年担任法院监督员的市人大代表旁听后，感慨地说："审判长准确的判断，透彻的说理，不偏不倚、不怒自威的气质不仅让旁听群众折服，就连败诉方当事人也频频点头。旁听一次好的审判，就是上一堂生动的法制课，给人一种全新的启迪和力量。"

民商事案件总有一方败诉，许多案件往往双方互有输赢，让双方满意一下子很难做到，但宋鱼水相信，只要法官真心实意为群众解决问题，把道理讲清楚，终究能赢得老百姓的理解和信任。

一家电子租赁公司，经小宋打过两场官司，一胜一败，他们第三次打官司时，又是宋鱼水承办，结果法院只支持了他一部分诉讼请求，另一部分被驳回，租赁公司有些难以接受。代理人拿着有关法条找到宋鱼水询问，宋鱼水一条一条地解释，一讲就是两个多小时。临走时，这位代理人说："在你这儿打官司不是一次两次了，还真是赢得堂堂正正，输得明明白白，我服判！"

两天后，一面鲜红的锦旗送到了海淀法院，上面写着："辨法析理，胜败皆服。"

宋鱼水坚持情系社会，把法庭当作化解矛盾的"调节器"，努力使纠纷得到有效的疏导和化解。

△ 宋鱼水总是笑待当事人

宋鱼水从事审判的十几年，正是我国经济体制转型期，她不仅深刻理解法律精神，还注意把握国家政策，从改革、发展、稳定的大局出发，考虑每个案件的处理。

1997 年前后，北京市政府决定在城区内淘汰所有"面的"汽车。一时间，几乎所有出租公司都向司机提出解除合同、收回车辆进行更新的要求。出租车是这些司机主要的生活来源，因此，他们纷纷要求补偿。一些司机还为此上访、静坐、围堵交通。有的到法院告了状，成为当时的一个社会热点。宋鱼水迅速了解案件背景、性质、特点，她认为，此案事关首都稳定，不能草率，不能延误。她及时传唤双方，明确告知出租公司：用司机的钱买车再租给他们，这种行为政策不允许，司机每天工作十几个小时，公司应该考虑他们的利益；同时，宋鱼水也给司机们讲解车辆更新的社会意义，要求他们顾全大局，相信法律，不要做出事与愿违甚至违法的事。最后，多数司机与公司达成了协议，个别未达成协议的，及时进行了判决。那些观望的公司和司机，也都依照法院裁判的原则，自行解决了纠纷。出租公司很快恢复了经营，司机们的合法利益也得到了保护。

在长期的审判实践中宋鱼水发现：大量的经济纠纷是因为市场机制的不完善产生的，仅靠法律很难解决，而企业之间的无休止缠诉，可能把双方都拖垮。法院在审判工作中，要积极寻找双方的认知点，平衡双方的利益，尽可能地引导当事人和解，使经济损失和社会矛盾减少到最低限度。宋鱼水确立了"准确把握公正尺度，尽量引导当事人用信任的方式解决纠纷"的办案思路。十多年来，她审理各类民商事案 1200 余件，其中 300 余件属于疑难、复杂、新类型案件，调解率达 70% 以上，都收到很好的法律效果和社会效果。

宋鱼水坚持与时俱进，把学习创新作为不懈追求，努力使自己走在审判实践的最前沿。

海淀法院，坐落在面向近万家高新技术企业的"中国硅谷"中关村，各种新类型案件层出不穷。宋鱼水敏锐地意识到，仅靠过去的知识底子，以往的工作经验和一张笑脸、两袖清风，已适应不了办案的需要，要行使好手中权力，就必须掌握更多的知识和技能。她为自己确立了争当专家型法官的目标，也就是法学理论要达到一定的学术水平，能站在学术前沿进行思考；能在办案中运用理论解决疑难问题，办出高质量的案件。为此，她再次走进人民大学，取得法律硕士学位。2001年，通过严格的外语考试，被派往国外进修学习。

宋鱼水的勤奋努力在海淀法院是出了名的。茶余饭后，别人休息她学习，上下班坐车的时间，她也要利用起来听外语。一次，我们组团去美国考察，我和小宋住一个房间。日程安排得很紧。白天，她与大家一起学习交流，提问最多；晚上，她整理笔记、阅读资料，睡得最晚。她负责撰写全团的考察报告，在回国的航班上，还在改改写写。回国的第二天，一份内容丰富、颇有见解的报告就交到了领导手中。

受小宋的影响，我们法院很多年轻人都乐于学习钻研。下班后、节假日，总有一些人还在办公室忙碌。知识产权庭尤为突出。他们的论文在全国获奖，判例被最高法院公报刊载，与人合著的专业书籍受到学界关注。他们每周的英文案例讲解，更是我们法院学术氛围的写照和工作亮点。

宋鱼水善于思考，不断将学到的知识、新的司法理念运用到实际办案中。早在1996年，她就提出这样的观点：不应轻易判令合同无效。保护经济效益是司法公正的应有之义，只要当事人双方都是善意的，在不违反国家法律法规的情况下，已经形成的利益就应当受到法律保护。她以《无效合同的认定和处理》为题撰写了论文。发表后，在法律界引起关注，并在全国法院论文评比中获奖。

刻苦学习，勤奋实践，使宋鱼水的办案能力不断提高。担任审判员，她在庭里结案最多；当副庭长时，负责全庭积压半年以上的疑难复杂案件，并在较短时间内一一审结；作为知识产权庭庭长，她带领大家争优创先，为知识经济的发展和知识产权的保护而不懈努力。

在宋鱼水十多年的审判生涯中，有的当事人折服于她高超的审判能力和法学修养，主动修正了自己的诉讼请求；有的当事人有感于她严谨、真诚的作风，愉快接受了法院的调解建议；有的当事人听了她的解释，自动撤回了起诉；有的当事人读了她的判决书，自觉履行了法律义务。有的当事人尽管出于利益的考虑提出上诉，但对小宋的工作充分肯定，甚至委婉地表示歉意。

宋鱼水认为，鲜花和掌声固然是一种鼓励，但更重要的是人民群众的信任。胜败是执法的结果，信任是无言的丰碑。作为共产党员、人民法官，必须牢记党的宗旨，把司法的公正、司法的温暖，用自己的行动传达给人民群众，让他们正确对待裁判，理智接受输赢。

宋鱼水是首都政法战线这块沃土上成长起来的新型法官，她以公正的审判实践回答了"什么是司法为民，如何服务发展，怎样让人民满意"。她是新时期共产党员的杰出代表，是人民信任的好法官，是我们学习的榜样！

（作者系北京市海淀区人民法院党组成员、常务副院长）

➤ 他们为科技园区发展护航

★★★★☆

杨东起

近几年，一批批国内外企业家、留学归国人员来到中关村创业，是什么吸引了他们？都说是机遇大、环境好。我们觉得，作为企业来说，好环境，最重要的是有好的法制环境。说起海淀的法制环境，就不能不说给予我们很大帮助的海淀法院知识产权庭宋鱼水庭长和她的同事们。

中关村科技园区是全国第一个国家级高新技术区。从1988年国务院批准建立，16年间，主要经济指标以每年20%以上的速度递增，GDP占了全国53家高新区总量的六分之一，在100平方公里范围内，聚集着上万家生机勃勃的高新技术企业，已经发展成为世界瞩目的高科技园区。回过头来看，园区的迅猛发展，离不开良好法制环境的保障。作为全国第一家基层法院知识产权庭，宋鱼水和她的法官同事们，为此付出了艰辛的努力。

在园区探索前行的进程中，确立规则始终是头等大事。1995年，国家在园区进行软件知识产权保护试点。当时，企业对知识产权的认识还很肤浅，品牌意识、创新意识比较淡薄，还不懂得知识产权是高新技术企业的核心竞争力，是企业发展的"命根子"。在试点一年多的时间里，知识产权庭的法官们经常来园区咨询讲课、座谈研讨，解答我们遇到的法律难题。当时建立的一整套软件知识产权保护规定，都浸透着他们的汗水，申请注册程序、产品推广方式、与员工签订保护商业秘密协定等措施，至今发挥着重要作用。近些年来，他们主动为园区提供法律服务，指导企业设立法律机构，制定《技术秘密保护章程》、《商标保护制度》，引导企业使用法律武器捍卫知识产权，同时通过审判工作，加大知识产权保护力度。10年过去了，"保护知识产权"成了中关村最醒目的广告，也成了每一个企业最自觉的行动。

如今，联想、方正、用友等一批科技企业，从小到大，从弱到强，走向全国，走向世界；拥有我国自主知识产权的CPU芯片，结束了中国无芯片时代；一些外企进入园区，担心知识产权得不到保护，听了我们对知识产权庭的介绍，就觉得有了底儿。现在，微软、IBM、摩托罗拉等一大批世界知名企业都在中关村设立了研发机构或子公司。他们的耕耘，获得了丰厚回报！

规则有了，还得当好向导。2002年，园区发生了一件某著名学者起诉一家数字图书馆的著作权侵权案。数字图书馆不属于传统意义上的图书馆，过去图书馆是"书上架"，现在数字图书馆是"书上网"。过去借书必须到图书馆，现在通过网络就可以同时实现多人借阅。这些优势决定了建立数字图书馆具有很大的赢利空间，因此，许多人瞄向这个行业，跃跃欲试。数字图书馆的经营者将图书资料扫描上网，是否需要取得作者的许可呢？但与上千万的作者逐一签订协议又是一项十分艰巨的工作。对此，本案的被告提出：这是一个争得世界市场，为读者提供便利的公益性活动，应该得到法律的支持和政策上的鼓励。但本案的原告坚持：没有著作权人最初的辛勤劳动，就没有人们得以分享的精神成果。当时，我们都很关注这个案子，因为对数字图书馆侵不侵权，法律没有明确的规定，理论上存在争议，实践中也没有先例。这起案件的审理，不仅影响到双方当事人的实际利益，而且事关中国数字图书馆的发展方向。

　　宋鱼水和她的法官同事们，知道这起案件的分量。他们查阅了大量国内外信息资料，把握国际发展趋势，立足国情，在作者和经营者之间慎重进行利益平衡。他们认为，鼓励创造性的劳动更重要，尊重知识、尊重权利人的利益有利

△ 宋鱼水参观中央人民广播电台

于科教兴国。最终判决，被告的行为侵犯了著作权人的信息网络传播权。这个案例当年被列入全国十大知识产权案件，上了《最高法院公报》。

像这样"全国首例"、"全国第一起"的案件，宋鱼水和她的同事们办理了多起。他们通过追求法律精神，给出明确判断，使一个案件，引导着一个行业向正确的方向发展。企业说，发展没有坦途，法律就是"路标"，沿着走，就走不了岔道。实践证明，处在"转型期"，从无序到有序，让企业形成理性的市场运行模式和思维，法律说话最有说服力！

在园区发展的每个阶段，起诉到法院的案件特点各有不同。前些年的倒卖假货、合同违约、债务纠纷等案件，近几年的互联网纠纷、著作权侵权、侵犯商业秘密等案件，每一时期的案件都对市场秩序形成了冲击，影响着企业的正常发展。这些问题不解决，就会使市场陷入盲动和紊乱，成熟健康的竞争环境就难以形成。

对此，宋鱼水和她的同事们着眼发展大局，创新适用法律，平等保护企业的合法权益，促进法律与社会行为规范的整体互动，推动企业在法制轨道上健康运行。

去年，园区两家公司因著作权纠纷打起了官司，这起案件涉及到民间剪纸作品著作权界定、权利瑕疵等复杂的法律问题，短时间不可能审理完。原告觉得，公司为了创作作品，花了很长时间，投入了几十万元，当成主打产品投放市场，由于盗版成本低、价格低，严重影响了正版作品的市场竞争力，不仅使自己的预期利润实现不了，而且对自己已经占有的市场可能造成毁灭性打击，甚至影响公司的生存。对法院能不能尽快判决，这家公司全体员工焦急等待。宋鱼水和她的同事们针对这种情况，果断使用"诉讼禁令"，裁定被告立即停止制作和销售。我们了解到，"诉讼禁令"是为了避免当事人损失扩大，法官在判决之前对侵权行为下达的停止令。这是2001年《著作权法》修改时新增加的规定，他们是在全国首次适用。大胆使用这一规定，反映了他们对法律精髓的把握和对当事人认真负责的精神。

宋鱼水和同事们为了攻克法律难题，马不停蹄地到中国工艺美术学院、中国戏曲学院请教作品中涉及的京剧脸谱问题；利用节假日，还到天津杨柳青、河北蔚县找到剪纸民间作品发源地，追根溯源，详细考证。在此基础上，依法做出了准确的判决。这个案件判决后，即便是胜诉公司也受到了法律的教育，他们反过来查找自己，觉得自己的作品中有的部分也侵犯了他人的权利，于是主动找到权利人申请授权。公司经理说，打完这场官司，使自己明白了"出牌"要按"牌理"，告别人自己首先要做好。

我们还了解到，在审理园区另外一起案件中，宋鱼水和她的同事们在全国首次依法适用"部分判决"。2002年，国内两家著名经销杀毒软件的企业，因为不正当竞争，官司打到法院。这是两家每年赢利上千万元的企业，官司的输赢，将直接决定其未来市场份额的分割。对此，他们进行了精心审理，经过审理，证据表明，侵权成立。但由于对双方投资成本、销售价格、市场份额等问题需要考证，短期难以评估损失程度、确定赔偿数额。拖下去，两家公司都会受到更大影响。于是他们大胆使用"部分判决"，先宣判侵权方停止侵权、消除影响，然后再专门拿出时间进行调查、审理。这样，既避免了胜诉方损失的扩大，也减少了败诉方的赔偿数额，胜负双方的利益都得到了保护。

这些年，许多企业怕打官司，一个重要原因就是耗不起时间。"诉讼禁令"、"部分判决"的使用和他们公正、快速结案的作风，打消了企业的担心，赢得了企业的尊重。企业深切感到，法官确实是为经济发展着想的。法律，也是生产力！

十年来，经过海淀法院知识产权庭审理的案件上千件。他们就是通过一份份判决，维护公平，倡导诚信，规范发展秩序。他们就是通过案件宣传法律，使法律进入企业，让企业在正确的航道前进。我们深切体会到，建设法治诚信的中关村，让企业生存在一个秩序规范的公平环境里，就等于为企业化解了风险，就是给发展上了"保险"。

党的十六届三中全会提出要树立科学发展观。落实中央要求，促进全面、协调和可持续发展，还有许许多多工作要做。宋鱼水和她的同事们时刻关心着园区的发展。他们精选3个典型案例，指导企业注意保护商标，避免商业利益受损。针对41件虚假宣传案件反映出来的问题，给我们提出了4条司法建议。为了优化中关村法制环境，他们积极参与制定《中关村科技园区条例》，梳理了大量案例，从法律的角度提出许多有价值的建议。其中，关于鼓励取得自主知识产权、保护网络信息、规范使用网络行为等内容都被采纳。这个《条例》是我国第一部关于科技园区的法规，实行后，在园区起到了很好的规范作用，并被国内许多高新技术区借鉴。最近，他们又在和我们一起研讨制定有关商业秘密保护和避免人员"跳槽"引发纠纷的有关规定。

宋鱼水和她的同事们，就是这样用一个个具体实际的行动，使抽象的法律活化于时代发展之中，充分展示出新型法官高超的司法能力；就是这样立足审判岗位，真心服务社会，生动诠释着新时期优秀共产党员心系发展的情怀！

（作者系北京市知识产权局专利实施处副处长）

→ 我所熟悉的宋鱼水

☆☆☆☆☆

马秀荣

2002年的3月份，宋鱼水调到我们庭任庭长。那时候，我对她的了解不多，除了外表很朴实之外，最深的印象就是讨论法律问题时她这人很坚持自己的意见。随着共事交往增多，我对她的了解也越来越深。

知识产权庭的庭不大，案件涉及的领域却相当广泛，大家熟悉的盗版案件其实只占较小一部分，还常常需要面对像弹性力学、建筑设计、音乐曲谱等非常专业的问题。这一年，也是我们庭建庭以来工作压力最大的一年，案件从原有的130余件增到近200件，3名法官交流到其他庭室，有审判资格的只剩下宋鱼水、另一位法官和我。

从事知识产权审判的人都知道，即使有比较全面的理论知识，一般也要有至少两三年的实践经验，才能在对案件的处理上能较好把握。宋鱼水此前一直在经济庭工作，在公司、合同、票据方面拥有丰富的经验，但法律领域有时隔行也如隔山，她能够适应并且很快胜任知识产权审判吗？

记得她办的第一件案件是一位作曲家起诉一家企业在广告中使用了他的歌曲，广告制作者和电视台也同时被诉。案件的难点不在是否侵权的判断上，广告侵权了，但是做广告的人与广告制作者，到底谁是侵权人？谁来承担责任？这种情况在现实生活中并不少见，这个问题不搞清，对于做广告的人、广告公司和电视台的行为，今后如何做就起不到一个良好的示范作用。宋鱼水征询我的意见时，我不假思索地回答："共同承担，因为有规定。""什么规定？为什么这样规定？这样规定的真实含义和法律意图是什么？"为了澄清这些问题，她连续几天去图书馆，查阅专业书籍，整理法律法规，又向相关部门了解广告制作的行业惯例，她还就这个问题反复与我讨论。一天下班，我们同行在回家的路上，看到她要说话的神情，我连忙打断她："说了一天了，我的头都大了。"她笑了："好、好、好，今天不说了。"在她的反复钻研下，最终我看到她在判决书中对委托人和受托人为何共同承担法律责任，从合同法、著作权法等几个方面做了细致而深入的阐述，拿着判决，当事人也很服气。

有时候，大家可能会有一种误区，办案件不就是用法条吗？其实，法律如何从枯燥的条文变成适用于案件的具体意见，需要法官对法律精神的精深把握，并且把法律的真知与案件的具体实际相结合。宋鱼水的敬业，不仅把法律的信息传递给了当事人，也在工作的点滴中传递给了我和我的同事们。

这件案件的审理，让我认识了宋鱼水作为一名法官的勤奋与智慧，也让我认识了她作为一名共产党员的求真与务实，开始理解为什么她能够得到同行、当事人一致的尊重和信任。有人称她是专家型法官。这是她无数个日日夜夜的伏案攻读、冥思苦想，与朋友、师长、同事面红耳赤的争论和上千件案件的磨砺中得来的。如果你留心我院九楼西侧那几间办公室，那里的灯光经常会亮到深夜，其中第二间就是她的办公室。梅花香自苦寒来，这句话被用了又用，但是当我寻找一句话来概括她时，却只能再次选择它，因为她的朴实无华，她的外柔内刚，她的吃苦耐劳，让我无以为言。

大家都知道，法官是处在中立的位置上裁决纠纷，当事人最关心的也是这一点。受一些法学理论的影响，我一直认为跟当事人保持距离是保证中立的方法。谈及此点，宋鱼水总会在表示同意之余委婉地提出补充意见："保持距离不等于保持冷漠。"

宋鱼水和我办过一起出版合同纠纷的案件，一位老作家和出版社因为稿酬问题诉到法院，老作家的文笔好，但是对法律的了解显然不多。庭审中他用诗一样优美的语言详细阐述了自己的意见，但一直不能很准确地讲出法律上争议的焦点，反复十来遍就同一个问题进行论述，旁听席开始有人打起瞌睡，我的心里也开始烦躁。但担任审判长的宋鱼水却一直没有打断老作家的陈述。她神情专注，不时

△ 宋鱼水在北京市东城区公安局报告会上

轻轻点头，目光一直没有离开正在发言的当事人。直到中午12点多，庭审辩论才结束。双方的情绪开始缓和下来，当事人表示没有新的说明了，宋鱼水才向他们讲解出版合同方面的法律规定，指出双方在合同履行中的不当之处。老作家一言不发，仔仔细细听着宋鱼水讲解，半晌，突然出人意料地说："法官，我接受对方的方案。"他随后解释道："这件事发生以后，您是第一个完完整整听完我讲话的人，您对我的尊重让我信任您。我尊重法庭的意见。"双方当场达成调解。

让当事人把话讲完，这是宋鱼水开庭时一个朴素的观点。说起来容易做起来却很难。法官在法庭上正襟危坐主持庭审，不像听报告，当事人的每一句话、每个动作甚至每个眼神都是法官判断事实真假的根据，不能有丝毫的懈怠和忽略。在知产庭，像这样庭审时间长达四五个小时甚至更长的情况有如家常便饭，耐心和尊重不再是某个人的性格，已经成为法官的职业品格。

宋鱼水原来审理商事案件有一手绝活：调解。来到知产庭后她丰富的调解经验同样收到了良好的效果。她认为：和判决相比，调解更能消除当事人心理上的对抗，便于迅速审结案件，便于执行，减少当事人的诉讼成本，而且中国人讲究以和为贵，调解更适合我们的国情。我们常说，在她那儿，调解已经成了一门艺术。

桂香村是一个老字号，但是由于历史的原因，京城却有两家工厂都叫桂香村。其中一家还在多年前就注册并使用了"桂香村"商标。另一家注册的商标不同，但在产品包装上也使用"桂香村"字样。这一来，老百姓很难分得清。一次一家厂子的产品在报纸上被曝光，惹得另一家大为光火。也难怪，老字号这金字招牌擦亮不易，毁掉却易如反掌。这个案件受到了社会各界的广泛关注。按照商标法的一般规则，被告已经构成了对原告商标权的侵犯。审理中，宋鱼水从双方提供的证据中了解到，原被告在1962年前是同一家企业，被告现正在进行国有企业股份制改造。历史渊源、老字号的复杂性、国有企业的困难，都提示我们，简单地一判了之，可能并不是本案最佳的解决方案。为此，宋鱼水与原被告反复长谈，十几次苦口婆心的工作下来，终于促成了当事人的谅解，为了澄清老百姓的困惑，双方以调解的方式在报纸上公告了各自的身份和各自的商标，公共利益与私人利益的良好平衡使这一纠纷得到了圆满的解决。

宋鱼水心地善良，替当事人着想，但这绝不意味着没有原则。我最清楚，她在审理案件时始终把握着一条线——严格按照法律办事，分清责任，明确是非，决不"和稀泥"。

在一起抄袭侵权案中，某大学博士生刘某大段抄袭他人作品予以发表，但法庭审理过程中，刘某态度十分强硬，表示"纯属巧合，没有抄袭"，即使在原告举出"连错别字都一模一样"的证据时，仍然一概否认。宋鱼水和我连续开了两天的质证庭，将需要比对的内容，近20万字的论文全部核对了一遍。抄袭显然已经构成。

"审判长，我真觉得我没抄多少，就是参考的多了。我们这个圈子特别小，我明年就要毕业，要是大家知道我这事，做论文、找工作都黄了。宋法官，您就帮帮我吧。"庭审结束后刘某求情。

合议中，宋鱼水说：这个判决也许会对一个博士生的前途有影响，会让他觉得法官不近人情，但是如果纵容他，不仅害了他一辈子，也是对社会的不负责任。后来，合议庭还是依靠扎实的证据，依法宣判刘某构成对原告著作权的侵犯，责令他在专业报纸上赔礼道歉。

刘某如今已经毕业，也顺利地找到了工作，实际上判决的影响并没有像他想象的那样严重。去年元旦，宋鱼水意外收到了他寄来的贺卡，贺卡上写道："我曾经恨过您，请原谅我的年少轻狂。我感谢您，是您启发了我怎样做人。"

人生，有很多再走一步就误入歧途的时候。宋鱼水也经常以此案告诫庭里的年轻人：一个优秀的人不仅要有情，而且要有义，最重要的是正，正气永远感召人的觉悟。是啊，社会的土地一定会有杂生的荆棘，我们的心灵注定会有起落的潮汐，但我们都相信：正义的星斗必将缀满没有遮拦的天空，那是人民注视的眼睛。在她的带动下，不仅宋鱼水取得了一个个荣誉，我们庭也取得了出色的成绩，我们的法律文书、案件、论文在院内、北京市和全国法院系统都获过奖，2002年我们庭立了集体二等功。2003年，我们又因成绩突出荣立集体一等功。

那年年底，我被组织上委派出国学习，回国时已是腊月二十九清晨，要离开北京回老家已经来不及了。我推着行李车，低着头匆匆地走，不想看到那些翘首期待的人们和热烈相拥的眼泪。避过人群，我从机场出口向左转，突然听到熟悉的声音：小马、小马，看这儿！我扭头一看，宋鱼水正从人群中挤向我，手里捧着一束洁白的百合花。我一时怔住，她怎么会来？她怎么会去买花？她怎么知道我喜欢这种花？她爱人笑着说："我们家这位头一次这么浪漫，问了一圈才知道你喜欢百合，说你一个人在北京，没人接心里该难受了。"看着怀中洁白、素雅、溢着幽香的百合花，我轻轻地叫了一声："宋姐……"就再也说不出话来。

在这几年里，宋鱼水没有讲过一句豪言壮语，也没有惊天动地的壮举，但她用她沉默、温柔却无比坚强的法官的力量，用她对党、对人民的赤诚之心，启发了我怎样去实现一名共产党员的理想，永远为人民守护好心中的天平！

（作者系北京市海淀区人民法院知识产权审判庭法官）

辨法析理化干戈

★★★★★

何　畏

我干律师工作已经 10 年了，代理过几百起案件，接触过的法官也有几百个。在这当中，宋鱼水的名字我记得最清，印象也最深。不仅是因为她判断准确、说理透彻和不偏不倚、不怒自威的气质，更多的是从她身上，我看到了一名法官的高尚情操，一名共产党员的浩然正气。说实话，我们律师就是愿与这样的法官打交道。

认识宋法官，还得从那起"老大难"的侵权纠纷案件说起。说它是"老大难"，是因为这个案子涉及的问题新、举证复杂，光我们一家所带的证据，就需要三四个人抬到法庭去，而且双方当事人的关系也不寻常。原告是公司的总经理，被告是副总经理，两个人还是同住一室四年的大学同学。可后来由于利益分配问题，被告离开了公司并成立了一家新的公司。原告认为，被告推出了与自己一样的产品，获得了可观经济利润，却给自己造成了几百万元的损失。为此，原告准备向法院提起诉讼。

作为原告公司的法律顾问，我与双方当事人都很熟悉。一开始，我也劝过原告："你们是多年的老同学，有什么事不能坐下来好好谈谈？"但原告拍着桌子说："谈什么谈？我这么信任他，公司大大小小的事都和他商量！可他呢，连同学的情面都不顾，给我造成这么大的损失。不为别的，我就是咽不下这口气。"原告坚持起诉，我接受委托，成了他的代理律师。

类似的案件，我也代理了不少。就这个案子而言，在收集大量证据的基础上，我心里还算有底。可真正进入诉讼程序后，这个案子的审理并不像我想象的那样顺利。光进行技术鉴定就用了一年多的时间。在这期间，原告出于多种考虑，曾找到被告，提出愿意协商解决，但却遭到了被告的断然拒绝。这件事让原告憋了一肚子的火，于是，以职务侵占为由向公安部门举报，被告因此进了看守所。同时，原告还向法院提出财产保全申请，冻结了被告银行的存款，并查封、扣押了包括房产、汽车、计算机等在内的财产。原告的这一举动，无疑使双方的矛盾进一步升级。

2003年3月，宋法官作为审判长接过了这个案子。很快，宋法官安排了第一次询问。这时，检察院刚刚对被告做出不予起诉决定。当被告从看守所出来第一次见到原告时，不顾法官和律师在场，情绪失控，对原告进行了人身攻击。原告也毫不示弱，反唇相讥，恶语相向。双方当时都十分激动，对立的局面随时可能演变成一场打斗。看到这一场面，我也吃了一惊。宋法官见此情形，断然制止："这是法庭询问，请你们都放尊重一点。"由于双方都需要对部分证据提出质证意见，加上双方当事人情绪异常激动，这一次的询问很快就结束了。

这个案子虽然复杂，但双方争议的焦点主要集中在原告主张的商业秘密是否存在，被告是否对原告构成侵权上。举证中，双方的证据材料不仅专业性强、技术含量高，而且种类繁多、数量巨大。质证整整进行了4天，面对一大堆的数据资料和专业术语，宋法官始终认真听取双方当事人的举证，直到弄清楚为止。法庭上，双方据理力争、互不相让，当事人几次发生摩擦，甚至是谩骂。宋法官一边采取限制控辩时间的方式，要求双方保持克制，稳定情绪，一边耐心细致地进行听证。

　　案件审理先后进行了9次询问、4次勘验和4次开庭审理。随着调查和辩论的深入，宋法官征求双方意见，案件能不能调解解决。

　　在这个问题上，双方的态度一直都很强硬。据我所知，在这之前，双方的亲朋好友也从中多次撮合，希望双方能够和解，但都没有结果。从我的经验看，也没有调解的可能。双方争议大、积怨深，又都是很有个性的硬汉子，打官司就是想要一个明确的结果。让我说，案子到了这个份上，法院也只能判了，而且无论结果如何，败诉的一方都会上诉，这个案子指不定要拖到什么时候呢。

　　在等着法院判决的日子，我们都很着急，也有过担心，通过几轮质证，我感到双方都有一些不占理的地方，最终会是一个什么样的结果也很难说。可就在这时，原告突然打电话给我，说是双方准备调解解决纠纷。听到这一消息时，我几乎不敢相信自己的耳朵。

　　这事儿实在让我纳闷：双方那么深的矛盾还能和解？宋法官怎么就那么大本事？后来，我找到了答案。

　　就在等着法院判决的那几天，原告给宋法官打过电话，一心想知道结果，变着法儿地问。与别的法官不同，宋法官并没有一口回绝他，而是针对原告的疑惑一一解答，还指出了他在陈述时的漏洞以及证据不足部分可能带来的法律后果。宋法官客观公正的分析赢得了原告的信任，也使原告对案件的判决有了合理的预测：诉讼结果达不到自己的期望值。

　　原告陷入了沉默。宋法官说："在你看来，被告抢走了你的市场，但对被告来说，他在你公司的付出并没有得到完全的回报。你们之所以出现这样的分歧和矛盾，除了外部因素外，和你们只懂专业不懂法也有很大关系。如果你们当初合作时少一点哥们儿义气，多一点法律意识，从一开始就订立完善的劳动合同和商业秘密条款，就不会出现今天的被动局面。所以，诉讼的意义不仅只是官司本身的输赢，更重要的是今后如何用法律的手段规范公司的管理制度，处理好公司与员工的关系。只有员工的利益，特别是研究人员和管理者的利益得到充分的保护，公司才会有长足的发展。"

说到这儿，宋法官停顿片刻，轻声地说："老周，你们之间有没有可能协商啊？你们也曾经是合作伙伴。"

听了这话，原告也不禁感叹起来："说实话，被告是个硬汉子，而且经营有道，我们是大学同学，我一直很信任他。"

宋法官接着说："当法官这么多年，我的感觉是，如果双方没有信任基础，只能选择判决，但如果直到现在你还信任他，我倒觉得非常难得可贵。如果你们能重新走到一起，新的合作必将更牢固，因为所有的隐患和危机都已经用法律的手段解决了。"

原告问："我们这样还能走到一起吗？"

△ 宋鱼水与朱江、张鲁民等领导在一起

宋法官说："以往的合作是以感情为基础的，但经商追求的是利益的最大化，不允许夹杂太多的感情因素，像你们这样有才华的儒商，如果以理性、法制为重，我觉得一定更有希望。解铃还需系铃人，重新握手言和少了一份尴尬，多了几份舒畅。我给你们做做工作怎么样？"

对当事人像朋友一样的循循劝导，既彰显了法官的权威，又还他们以尊严，在劝说原告的同时，不知宋法官又用什么样的话语打动了被告，两个冤家终于走到了一起，成为盟友。在我看来，这样的结果远远超出了对案件判决的意义。

由于宋法官的调解被双方当事人接受，后面的事情变得简单了。从草拟调解方案到最后达成协议，双方仅用了一个月的时间。原告和被告共同组建一个股份有限公司，并按照《公司法》的规定，拟定了公司章程，明确了各自的权利义务。

2003 年底，我看到原被告携手出现在中央电视台"中国法官十杰"的颁奖晚会上，共同讲述他们与宋法官的那段难忘的经历。我还清晰地记得他们面对镜头时所说的那段话："我们真的很庆幸，我们遇到了宋鱼水这样的好法官。不仅讨到了一个明明白白的说法，还为公司的发展找到了新的出路。她是当之无愧的'法官十杰'。"

作为有着十多年代理经验，处理过几百起不同类型案件的律师，有输有赢、胜了败了的事，我觉得都是再正常不过了。但就这个案子，宋法官不仅为当事人化解了纠纷，把双方的损失降到了最小，还使他们获得了重新发展的机会，得到了一个双赢的结果。这一出乎意料的结局，也使我经常地思考：公众对法律乃至整个社会的信任，一定程度上是对法官的信任，而这种信任必然来自这样一个信念：法官必须是正直的人，是真正把党和人民利益放在心中的人！而宋法官就是这样的人！

听说我参加了宋鱼水事迹报告团时，原告和被告，噢不对，应该说是两位公司的股东，让我告诉宋法官，也告诉大家：经过一年多的努力，公司走上了正轨，开拓了新的市场，取得了更大的经济效益。也许在今后的发展中，还会遇到各种各样的困难或是问题，但他们已经学会用法律来约束和保护自己，今后的发展之路一定会越走越宽。

(作者系北京中润律师事务所律师)

鱼水眼中的法与情

作为法官，我一生中有可能审理几千件案子，但许多当事人一辈子可能只进一次法院，打一次官司。如果这一生中仅有的一次官司，让他们受到不公正的对待，或者让他们得到一个不明不白的判决，他们心里就会留下深深的伤痕。伤害一个当事人，就会多一个不相信法律的人。而维护一个当事人的合法权益，就会使人们增加一分对法律的信仰，对社会的信心。

——宋鱼水

→ 始终铭记人民法官的职责

☆☆☆☆☆

　　1989年我大学毕业，分配到海淀法院工作。15年来，我审理了上千起经济纠纷和知识产权案件，接触了许许多多急于向法律求助的当事人，他们对公平正义的强烈呼唤，激励着我始终牢记党的宗旨，法官的职责。

　　我办理的第一个案子让我记忆犹新，原告是个起早贪黑给小饭馆送菜的民工。我见到他的时候是个寒冬的早晨，他穿得非常单薄，破旧的衣服已经看不出颜色，尽管屋里有暖气，但他还是微微发抖。我从小在农村长大，看他这个样子，心里很不是滋味儿。民工告诉我，他给一家饭馆送了一年的菜，一直没给钱，临近年根，他冒着严寒一趟趟去要，求了服务员，求老板，饭馆的人烦了，连推带搡把他赶了出来。

　　对弱者的同情警醒我更加慎重，因为同情不能代替法律的公正。后来，我才知道这家饭馆因为经营不善，已经多次倒手，买了民工蔬菜的老板早就没了踪影。现在饭馆的老板对我说："法官，自从我租了这个店面，就没少遇到这种事,好多人天天追着我要面钱、米钱,我冤不冤?"我说:"你冤,那个民工更冤,这账虽不是你欠的,但你承租了这个店,你就应该先还上!"那个老板一听就急了,说:"前一拨人欠的钱算到我头上,这太不公平吧!"我说:"按照法律规定,你可以向过去的承租人追偿,但你现在必须先把钱还上。"案件顺利结案后,那个民工捧着薄薄一叠钞票痛哭流涕,我才知道他重病的妻子和上学的孩子都在等着这点钱。

后来,我一直在想:小额案件与标的重大的案件相比,似乎不值一提,但一个公平正义的社会应该是一个不分贫富贵贱,一样充满关爱的社会。我一生中可能会审理几千件案子,但许多当事人一辈子可能就进一次法院,如果就是这唯一一次与法律的接触让他们受到不公正对待,让他们得到一个自己想不明白的结果,在他们心中会留下深深的伤痕。伤害了一个当事人,就多了一个不相信法律的人。而维护了一个当事人的合法权益,就会增加一分人们对法律的信仰、对社会的信心。

在我国经济转型期,诚信危机曾严重地制约着市场经济的健康、稳定发展,反映在经济审判中,就是大量涉及各个领域的欺诈案件被推上法庭。一方面是巨大的市场魅力使人们欢欣鼓舞,另一方面却是众多的欺诈陷阱使人们裹足不前,重建诚信成为全社会的呼声!

1998年,我审理了一起经销权纠纷案,事情的起源来自一篇报道。报道内容是:一家公司在经销各种品牌的啤酒时,把大量过期啤酒的生产日期进行涂改后倾销,这种违背诚信、违反法律的行为引起了消费者的愤慨。报道一出,这家公司经销的各类啤酒销量一落千丈,其中有一个品牌的啤酒损失最为惨重,不但在这个省的销售量下降,全国市场也受到影响。无辜受到牵连的总经销商把这家公司的经销权收回。这一下,这家公司不干了,起诉到法院。他们说:"我公司从来没有拖欠过货款,也没有违反双方合同的约定,总经销商无权取消我们的经销权。"因为当时我国法律对经销权问题还没有规定,案件如何能得到公正审理,成为法院和企业界共同关心的问题。当时,有一种观点:"这家公司既然没有违反合同约定,总经销商收回经销权似乎没有道理。"但这个案子如果就这样判了,对于无辜遭受损失的总经销商,公正体现在哪里?对于损害经营伙伴、欺骗消费者的行为,法律的导航作用又体现在哪里?一想到这个案子,我的心就难以平静。我翻阅了大量资料,向工商总局法规处等单位进行调查咨询,向有关专家学者请教,跑到图书馆查阅国外相关的判例,最终,我用法律原则作为裁判的依据,支持了总经销商。在这份长达6000字的判决中,我充分

△ 宋鱼水先进事迹报告团巡回报告

阐述了下面的观点：由于原告丧失商业信誉，被告授予原告经销权的预期利益将无法实现，双方订立合同的目的将无法实现，因此，被告解除经销权的行为并无不当。这个案件的庭审、判决书的说理得到了当事人的认可，判决的结果得到了上级法院的认同，并被作为范例引用。令人欣喜的是，后来颁布的《合同法》把诚实信用作为基本原则，进行了充分的肯定。

许多老审判员说，案件审得越多，下判决时的笔就越沉重。阅历渐长，我也渐渐有了体会，我虽然是一个普通法官，但我的一纸判决，可能导致一个企业元气大伤甚至破产。我就想，一个尽责的法官，不仅要通过判决引导市场主体走一条规范之路，更要使它们在诉争中共赢共存，从而实现社会利益最大化。

在审理一起技术秘密侵权案中，原告的 4 名员工跳槽注册了一家新公司，生产与原告公司同样的产品，被起诉到法院。由于这类案件证据发现的困难，历来被认为是知识产权审判中的难点，被告为此心存侥幸，不愿意承认带走了原告的技术秘密。我和合议庭的其他成员不得不对大量的技术资料进行比对，当我们把原告的密码输入被告电脑后，电脑屏幕上显示出来的生产设备原理图和原告的一模一样，侵权是铁定的事实。被告一下子蒙了，他突然站起来，说："公司完了，那我们全完了！法官，你给我们一条出路吧。"说实话，对这种技术秘密侵权行为，一旦判决，被告公司投入的大量资金将血本无归。

作为法官，我有权让不尊重他人权利的人受到制裁，也有责任维护社会的稳定，保护社会生产力的发展。我想，如果原告许可被告使用这项技术秘密，被告不仅可以转入合法运营，原告也可以得到一笔可观的补偿，调解可以实现双赢。在被告多次诚恳的请求下，我下决心进行调解，但原告公司发了狠，就想通过判决治治被告，说："调解可以，先给100万。"原告开的这个天价对产品尚未投入销售的被告来说，显然无法承受。我仔细分析情况后对原告说："你许可被告使用这项技术秘密，不但可以得到经济补偿，还可以通过被告扩大你们的市场知名度。成为你生意伙伴的被告也会非常感激你！"原告终于放弃了起初的立场，双方达成了一项调解协议："被告支付许可使用费20万元，同时停止部分产品的生产。"但在制作出调解书后，原、被告又一起来到法院，他们对我说："宋法官，调解书的内容能不能修改啊？"我的心一紧，以为他们反悔了。原告抢着说："宋法官，我们俩商量好了，所有的产品被告公司都可以生产，同时增加10万元转让费。"看得出，此时的原、被告已经跳出了官司的本身，而在考虑今后双方更好的合作和各自企业的发展。我调解了大量案件，虽然调解成功一个案子所付出的劳动和心血是巨大的，但通过调解，许多面临灭顶之灾的企业起死回生，针锋相对的对手握手言和，当事人能自觉履行义务。我想，这种双赢的结局应该是法官对社会发展、对人民群众期望的最好回报。

在从事法官职业15年间，我也遇到过托关系、走人情的事，我也有在人情面前矛盾的时候。记得我刚担任经济庭副庭长的那年，老家突然来了一个亲戚，他说找我帮个忙，看到老家的人，我真是挺高兴的，心想：老家的人上北京，一定想办法让他们玩好、吃好。但他一开口就让我犯了难，他让我帮他说一个案子，这个案子就在我所在的经济庭。他说："你关照关照吧，好让我回去做人。"亲戚难得求我一次，如果是其他的事，我会毫不犹豫去办；如果我是律师，我会尽全力去帮他诉讼，可我是法官……当时，我心里非常难受和矛盾，真不知道和他说什么好。看到我低头不语，他说了这么一句话："你甭太为难了，我要做人，你更要做人，我不怪你！"这句话使我心中充满歉疚和感激。后来，老家的企业输了官司，输在很多约定没有落在纸面上。过后，我想，大多数老百姓托人情，只是希望得到一个公正的判决，只要公正，老百姓是会理解的。每次遇到人情与法的冲突时，我唯一能帮他们的是鼓动他们去收集最有力的证据，书写最有说服力的代理词，告诉他们：用充实的证据说服合议庭，才会赢得对他们有利的判决。

不久前，在做客《中国法院网》时，一位网友问我："作为一名女法官，你是否要做出更大的牺牲？"我觉得，任何人为了他所爱的事业都必须心甘情愿地付出，作为一名女法官可能意味着更多的付出。

我刚独立办案那年年初，工作特别忙，爱人又在远郊县工作，我只好狠狠心，把不满周岁的儿子送回山东老家。年底，我又承担起全庭到外地送达和调查的任务，从冰天雪地的东北小镇到寒风刺骨的中原大地，从茫茫无际的内蒙草原到淫雨连绵的岭南地带，四处奔波。

回到北京，我把手头的工作一交代清楚，就买好当天的火车票，迫不及待地往山东老家赶，一路上将要看到儿子的幸福和焦急使我坐立不安。当我蹲在儿子面前，满怀欣喜地伸出双臂，轻声叫着儿子时，儿子却紧紧贴在姥姥怀里，只是不断用眼睛的余光偷偷打量我。"儿子不认识我了！"在泪光中，时间似乎凝固了。过了好一会儿，儿子的眼神开始变得热切，他伸出小手试探着触了一下我的脸颊，突然，他一

△ 宋鱼水生活照

△ 北京市公安局召开学习宋鱼水同志座谈会

头钻到我怀里，轻轻地叫了一声："妈妈！"我的心一下子被揉碎了，猛然涌起的酸楚和委屈使我泪流满面。

假期一满，我毅然把孩子带回北京。为了工作，我可以把孩子放回老家；为了孩子有个完整的母爱，再苦再累我也要把孩子带在身边。

法官身处化解社会矛盾的前沿，有时也会遇到蛮横无理的当事人。在深圳出差，我就遇到这样一件事。我们要送达传票的一个当事人，由于住所变更，直到当天晚上9点，才从当地派出所了解到他的新住址。当事人是一个企业的老板，见法院的人找上门来非常恼怒。先是不开门，好容易叫开了门，一进门就命令我们脱鞋，说："别弄脏了我家的地毯！"紧接着他打电话叫上来两个气势汹汹的彪形大汉。我示意同来的书记员出去联系当地公安部门，没想到他们一左一右横在门口，拦住去路，当时的气氛非常紧张，我镇定了一下，直视着他，一字一顿地说："你现在面对的是处理民事案件的法官，如果你再这样嚣张地妨碍公务，站在你面前的将是审理刑事案件的法官。"我的镇定明显震慑了他，交涉到深夜1点，终于让这名当事人低下头，在送达回证上签了字。

千百年来，"富贵不能淫，威武不能屈"的凛然大义支撑起中华民族的脊梁，我想，作为一名新时代的共产党员、人民法官更应当有"甘化我身守正义"的铮铮铁骨，"毕生护法为人民"的耿耿丹心。

在向法制社会迈进的历史洪流中，我所做的，正是许多同志已经做的或准备做的，我没有做到的，有的同志已经做得很好，在这个法治的春天，我愿与大家一起努力不息，让法治公平的观念深入人心，让社会正义的大旗高高飘扬！

→ # 谈谈我对法官工作的理解
——在宋鱼水先进事迹宣传工作座谈会上的发言

★ ★ ★ ★ ★

我叫宋鱼水，是北京市海淀区人民法院的一名法官。两天以前，我在人民大会堂，被最高人民法院授予"全国模范法官"荣誉称号。今天，市委政法委、市委宣传部、市高院又召开了这样一个"先进事迹宣传工作座谈会"，作为一名普通法官，面对这些荣誉和信任，我深感责任重大。在此，应领导要求，我结合自己的一些经历，谈谈自己对法官工作的理解。

第一，我觉得，法官始终要怀着对人民群众的朴素情感，用心理解职业道德的全部内涵，以求实、严谨、刚直、廉洁、文明的作风，赢得人民群众的信任和尊重。一个人司法理念的形成与生活的经历也有一定关系。我很感谢自己最纯洁、最童真的时代是在农村度过的。这段生活经历让我体验到百姓做事很不容易，他们渴望社会的公平、政府的公平和司法的公平，这种渴望深深地烙印在我年轻的心灵里。我成为一名法官之后，坐在庄严的国徽下行使公平的权力，每每想到他们就警告自己，无愧于他们就必须做一名公平的勇士。人民群众的监督、鞭策和鼓励给予我工作的热情,让我感受到工作的意义,精神的充实和快乐! 在审理每一个具体的案件中,当事人的笑容成为我最大的满足。童年的经历还让我体会到了农村生活的艰辛。知道老百姓多分一斤粮可以免去一天的饥饿,所以"斤斤计较"对他们十分重要。这种理解使我能够尊重他们,重视小标的案件的审理,使小额案件的当事人积怨而来,解冤而去。也使我尊重所有的人。此外,还懂得要保护弱者,要有耐心,能够听进去老百姓说什么,能够心平气和地与当事人交谈。即使是言辞过激者,也尽量免于摩擦。作为法官,如果多把握一点当事人的心态,找到与当事人说话的切入点,很多冲突是可以避免的。当事人对法官的要求是法官工作的一面镜子,了解了当事人,也就了解了法官的工作方法和意义。有了理解之心,宽容之心,爱人之心,使我能够理解法律的精神,使我树立与人为善、学他人之长的思想,更使我在与当事人的交往中,容易换位思考,多替当事人着想。

第二,奉献是法官的光荣。我上小学的时候,学校不会因为我们交不起学费而让我们辍学。当我跨入大学时,我们农村来的学生都拿到了一份助学金,四年之后,我从大学毕业,确实觉得是国家培养了我,每每工作稍有懈怠

△ 宋鱼水在巡回报告会上

或自私的表现，总觉得对不起国家，也有愧于人民。应当说，我受的是传统式的教育，雷锋那为人民服务的奉献精神和张海迪那执着奋斗、不屈不挠的精神给了我深刻的影响。任何情况下，觉得牺牲点什么都是小事，不怎么计较。所以在工作当中，比较玩命，甘于奉献。法官工作十分辛苦，但我乐此不疲，原因与我所受的教育分不开。在个人利益与集体利益面前，心中想着一份对祖国的回报，对社会的一份义不容辞的责任，与北京市海淀区人民法院的其他干警一样，奉献成为我工作的主旋律。

第三，法官要不断提高自己的职业能力，确保高水准的办案质量。随着社会发展和改革开放的深入，司法审判人员面临着知识的快速更新，司法实践的新情况、新问题层出不穷。我们都感到知识不够用，远远不能适应国家、社会和人民对一名法官的要求。特别是近几年，对法官的要求越来越高，做一名好法官，除了无私奉献之外，还要在知识层面上有较高水平，在综合素质上达到很高的修养。为此，我努力在办案中学习，使实践与理论相结合，办出高质量的案件；努力取长补短，让他人的光芒照亮自己的路。特别是到知识产权审判庭以来，与我们打交道的当事人，常常是一些专家学者，我们所遇到的问题，更主要集中在软件开发、技术服务领域实体问题的判断上，我更加迫切地感觉到了学习的压力。北京市海淀区人民法院是一个人才辈出的集体，我特别注意从他人身上看到自己努力的方向，学到自己不足的东西。我和所有法官一样，在不断地向知识要学问，向实践要经验，不断提高自己的执法水平。

我认为，法官职业，就是我的荣誉。我今天所获得的称号，更是党和人民对我的巨大鼓励。我更要珍惜荣誉。今天的一点成绩只能代表过去，明天意味着更重的责任和更大的挑战。我所做的，正是每位法官所做的或准备做的，我没有做到的，有的法官已经做得很好。尚秀云、罗东川，这些生活在我们身边的先进模范人物，更是我的榜样。我愿意和所有的同行一道，共同在今后审判工作中，在自己的工作岗位上，以"三个代表"重要思想为指导，时刻牢记司法为民的宗旨，积极投身于审判事业，勇做公正审判、司法为民的排头兵。

➜ 学习让我不断地飞跃
——献给大学生的心得

★★★★★

    1985年，我从一个美丽而不富饶的农村考到中国人民大学法律系读书。回想起来，已经整整20个年头。这20年正是我们国家社会经济突飞猛进，人们的思想观念发生巨大变化，依法治国和建设社会主义法治国家的呼声逐渐深入人心的20年。而我作为一名法律专业的大学生，几乎就是伴随着这期间社会巨大变迁和改革发展的大潮成长起来的。大学毕业后的这些年来，法律的前进给了我实践的舞台，不断地学习使我有能力胜任审判工作。在过去的工作中，我审理了上千起经济纠纷和知识产权案件，并积极探索办案的规律，为社会发展当中个体利益的保护做出了一名法官的贡献。由于我工作的努力，党和人民群众也给予了我很高的荣誉。前不久，我与我的同事也是一位很优秀的法官谈心，她说："这么多年，我感觉你最重要的特点就是善于学习。"我说："一名合格的法官需要努力完成两个目标：一是专业技能的实现；二是人格塑造的完成，二者都离不开学习。"可以说，学习让我进入了职业的最佳状态，让我感受到工作是一种享受和快乐，让我留下了探索真理的很多光彩的乐章。总之，每一次学习都给予我法律人生不断的飞跃。

    第一次飞跃自然是走进大学。人为什么要上大学？我的大学生活使我怎样有别于我的家乡的同伴？我想，我们之所以要上大学是因为我们必须要用先进的思想武装自己的头脑。大学是一个大熔炉，经过知识的包装之

075

鱼水眼中的法与情

后我们可以勇敢地走向社会，踏上征程。一个人的天资是父母给予的，一个人的自信则是自己通过后天学习努力造就的。自信来自于一个人观念的变化和不断地超越自我，这就是大学的具有飞跃般的生活。1985年秋天，我从家乡来到北京开始了四年法律本科的学习。我在校的80年代正是我们国家各项社会事业开始走上正轨，许多新事物、新思想不断涌现的年代。在我的母校——中国人民大学也不例外，当时各种法律思潮纷纷涌入中国，一批有思想和责任感的中青年法律学者辛勤耕耘，把大量的西方法律著作译介到国内，他们开设讲座、勤于著述，深刻影响和鼓舞着我们学习的热情，激发着我们容易激动的思想。现在已经是著名学者的王利民、梁治平、龙翼飞等教授当时还给我们本科生授课，而一批老教授，像佟柔、曾宪义、高明喧等等他们对法律系的引领作用更使我们受益匪浅。老师们的激情和广博深邃的知识给了我很多学业的启迪。那时候，我们抱着相信一切的态度进行学习，许多学者的观点都被当作至理名言来铭记。在努力学习专业基础知识的同时，我和同学们也常常借助于学校图书馆的优势阅读了很多自己感兴趣的书籍。可以说，本科四年充沛的学习，一方面为日后的工作积累了丰厚的知识储备和专业技能，更重要的是通过非常系统的学习和大学这种独特的文化环境，开阔了眼界，启蒙了思想，确立了法律思维方式。我觉得，大学本科阶段是我法律人生的第一次飞跃。

作为一名文科大学生，对祖国美好制度的构建有着更高的向往，尤其是像我这样的农村大学生是靠着国家的助学金培养成才的，忧国忧民思想常常体现在高度的政治热情当中。但作为一名大学生单靠政治热情是不够的，我是在参加工作之后越来越深刻地理解了这一点。与国外相比，我们缺少的是大厦的基石，落后的是郊区和农村，我们必须把基础工作做好。比如，我们不仅自己能上大学，我们还要想方设法让那些没有上大学尤其是那些根本没有文化知识的人懂知识懂文化，用知识和文化建设美好的家园。作为一名法官，每天早晨我都会看到那些提审的犯人中有一些年轻人或少年犯，望着他们我感到心疼，我觉得他们迫切需要基本的文化普及和品德教育。在多年的审判实践中，我最发怵接触的人是那些没有文化的人，法庭上的交流成为一件十分困难的事情。再比如，假若我们有一天成为商人，我们应该舍得技术和质量的投入，用我们的知识创造企业的品牌，当我们国家有更多的企业品牌参与国际市场竞争时，我们才能在世界经济的舞台上较量，我们才能说：不！作为商事法官，看到相当一部分案件判决后不能马上执行，看到一些欺诈案件被推向法庭，我感到焦急，而这一切是由个体造成的，我们需要从个体的角度进行检讨，在走向社会的最后学习阶段纯净自己的思想，以优秀、良民的姿态构建全社会的信誉网。当然，我们有一天可能成为国家的公务员，如果我们能够恪守依法行政的使命，我们将通过我们良好的形象把我们的制度文明传达给人民。而这一切不是一蹴而就的，不是今天喊口号明天就能实现的，想想看，偌大的国家假如交给你来掌管，你是否敢说：你有足够的理论和成功的经验实现国民的富裕和平等？我们同行在时代的列车上，国家的发展离不开每个人的长期努力，十几亿人口共同的努力才能造就一个美好的明天。大学时代是人生当中非常宝贵的学习时期，工作之后每当知识不够用时总觉得再上一次大学该多好！

1989 年，我分配到北京市海淀区人民法院经济庭工作，实现了终生当一名法官的梦想。来自农村最基层的我，天然有一种同情弱势群体的本能，但法律专业的学习和职业的要求使我时刻牢记：同情不能代替法律的公正。抱着一颗为社会伸张正义的赤诚之心和满腔的工作热情，全身心地投入了审判工作中。经过五年磨炼，我成为庭里办案数量多、质量高的业务能手。

然而，审判工作实践也很快使我认识到作为一名法官，要想让司法公正真正付诸实践并非易事。我们国家正从计

△ 宋鱼水在做事迹报告

划经济向市场经济转化，经济审判面临巨大的挑战：当事人主体多元化，出现了大量过去从未遇到的新类型案件。其中像融资租赁、期货纠纷、股权转让、票据纠纷等等。一个案件涉及的法律问题和专业知识非常复杂，而北京市海淀区人民法院正处于"中国硅谷"，各种新类型、疑难复杂案件更是层出不穷。

面对这种情况，我意识到：仅凭丰富的工作经验和一张笑脸、两袖清风，已不能适应时代的发展和工作需要，原有知识必须不断更新：法学理论要达到一定的学术水平，能站在学术前沿思考各种法律问题；能在办案中运用理论解决疑难问题，办出高质量的案件。1996 年，在北京市海淀区人民法院院党组的鼓励和支持下我考取了母校第一批法律专业在职硕士研究生，白天工作，晚上和周末的时间到学校学习。尽管很辛苦，孩子又小，但学习的使命感和幸福感油然而生。记得我当时激动之余还写了一篇长长的《重返校园之梦》，因为大学生是知识的象征，没有知识如何谈得上是大学生呢？

重新进入母校学习，我有个深刻的感觉：我是带着问题来学习的。在学习中能和老师形成交流，通过深入的交流、甚至反复讨论，我逐步廓清了思路，更新了知识，明确了法官职责和定位。可以说，这三年的学习为我的审判工作打开了广阔的空间，提供了开阔的思路，使我能够牢牢把握遵循正义和公平的总体方向，使我深刻认识到公正对法官来说不是一件简单的事情，公正是一门学问，我们需要在审限内将抽象的法律活化于实践，找到公正的最佳答案。可以说，研究生阶段的学习是我法律人生的第二次飞跃。

在就读研究生期间，我审理了一些疑难复杂案件，如：原告北京华尔光电子有限公司与被告林明法定竞业禁止纠纷案、原告深圳市齐德丰实业发展有限公司与被告薛晓光、被告北京安可尔通讯技术有限公司股权转让合同纠纷案、原告沈阳天意商贸有限公司与被告北京马仕商贸有限责任公司经销权合同纠纷案等等，我在审理这些案件时认真学习专家学者的法理意见并大胆用于实践，对案件的审理起到了良好的示范作用。后来，我作为庭长办案系统的一员，不仅承担了疑难案件的审理，还积极参与审判方式改革，认真在实践中摸索最佳的审判组织模式。

四年本科、三年硕士研究生的系统学习，使我对法律理论知识的掌握、古今中外司法制度的了解有了很大提升，对司法本身的发展脉络和历史沿革也有了深入思考。但我也有着深深的困惑，我接触法律这二十年来，正是学术界和司法界努力吸收西方先进司法理念的阶段。然而，在司法实践中，法官往往要面对法律与中国的传统文化、法律与中国的现代道德观念、法律与未来价值观念构建的冲突。法官如何在发扬传统文化和学习西方经验的天平上取得平衡，在保留什么和打破什么的抉择中取得突破，影响着司法功能的实现，甚至决定着司法的方向。参加北京市政法系统组织的到荷兰四个月的法律专业培训，使我真真切切体会到东西方法律文化的差异。比如，西方证人出庭不是一个很棘手的问题，大多证人可以在庭审中如实陈述事实，而中国证人往往以感情为重，关键证人不愿意出庭，出庭不愿意伤及朋友。再比如，荷兰人认为没必要废弃女王，女王的存在并没有影响这个国家的发展，为什么要废弃她呢？还有，西方有很厚的法律土壤，公民的法律意识非常普及，很多问题可以在法律的层面上化解，但我国的法律土壤非常薄弱，法律的意识和普及任重而道远。任何情况下法律都难以责众，当违法的现象泛滥时，树立执法和司法的权威需要几代人的努力。我们每年都严厉打击盗版，但盗版依旧严重地存在，我们每

△ 北京市公安局学习宋鱼水同志先进事迹报告会

年都有"3·15"打假活动，但各种假货不断，那些因食品中毒的孩子们让我们感到多么的辛酸！社会道德的觉醒和法律意识的提高需要从教育抓起，试想一下每位公民从小受到良好的教育，每位大学生都能肩负起知识和文明的传播，一个精英的百姓群体才能最终改变社会和国家的命运。法律不是真空的，它必须根植于社会的土壤，法律也不是冲动的，它必须有长期不懈的努力。这种比较学习和贴近了解使我不再盲目地崇拜和效仿西方，不再抱着单一的视角来审视西方文化和中国现实的鸿沟，开始了适应本土文化审判模式的积极探索。可以说，这是我法律人生的第三次飞跃。

在荷兰时，一位老师问我："在中国，习惯法优于成文法还是成文法优于习惯法？"我也用这个问题反问了他，他说，在他们的国家，习惯法优于成文法。我突然茅塞顿开。我觉得，中国有5000年的文化传统，在向法治迈进的建设过程中，文化、习惯的传承如何解决？是不是必然就是冲突的，是不是一部短时间内建立的法律刹那间就要代替几十年、几百年甚至是几千年的风俗、习惯和文化？尤其那些维系社会稳定的习惯都与我们的现实生活有着千丝万缕的联系，有时是牵一动百，不可轻举妄动。正是这样的一些思考，使我对法律有了一些新的理解。我觉得法律应该吸收传统习惯、文化的精髓，使它们在现代社会焕发出新的活力，这是新时期办好案件的新的动力，是新时期法官为创建社会主义和谐社会必备的素质。

今天，中国的立法者和法官们正以惊人的毅力和智慧在完成着现代法制与传统法律制度的承接，与西方法律制度的契合，在努力吸收着民族习惯和传统文化的精髓，在实现着创建和谐社会的思想回归。作为一名中国的法官，尤其是基层法官，我已经不再畏惧挑战，学习让我具备了战胜任何困难的勇气。比如，在当事人没有律师的情况下，我会替当事人着想，重在解决问题。在一方有律师一方没有律师的情况下，我不会抱怨，我相信实践中总会有问题等待法官去解决，法官只能在现有的条件下解决问题，而永远不可能等待一个理想的制度建成后再解决问题。当案件专业性很强，我会充分调动当事人的专业素质，直至让当事人把问题讲清楚。在积极向当事人学习专业问题时，我由衷地感觉到：与当事人共同的努力会创造一个法治的明天。立足国情、注重实际、最大限度地化解矛盾成为我审判的特点。有一个案件，当事人曾经是同学，后来由于利益分配产生矛盾，作为一名法官，我坚信纠纷的主要原因不是当事人的感情危机而是他们遇到了管理的困惑，我用法律的理性去引导、鼓励当事人重新握手言和，最后当事人成为盟友，实现了个体和社会利益的最大化。还有一个案件，公共利益和私人利益的良好平衡使一起有历史渊源的纠纷得到了圆满的解决。这一切，都是我向实践学习的结果，向当事人学习的结果。当事人的笑容成为我最大的职业满足感。我和我的法官同事们在追求高质量、高效率审判的同时，也树立着自己的司法理念——让当事人把话讲完，让当事人减少诉讼成本，让当事人明知举证规则……把法官的人文关怀、把司法的温暖通过每一位法官不断地传递给当事人，并通过当事人传递给社会。

可以说，正是由于学习中实践，实践中提高，让我掌握了大量的法律技巧和驾驭法庭的能力，让我对抽象的法律有了生动和具体的理解，让我对西方的法律制度有了重新的审视，让我对中国的人口和复杂的矛盾纠纷有了审慎的思考，让我对个体的尊重付之于法律的执着和理智的行动，让我感受到一个法律工作者的智慧探索和快乐。我真实地感觉到，正是不断的学习改变和塑造着我—— 一个普通的基层法官的法律人生。

2005年4月

➡ 用人民的情怀做人民的法官
——在中央政法委座谈会上的发言

☆☆☆☆☆

作为一名基层法官，我非常珍惜今天的汇报机会，我发言的题目是"用人民的情怀做人民的法官"。"人民"两个字是坚定我在基层工作意志的两个字，也是激励我喜爱法官工作的两个字。我想，还是从这个角度诠释法官是如何把握法院职能定位；注重辨法析理，胜败皆服；做到案结事了；实现法律效果和社会效果的有机统一。

一、小额案件的审理和思考让我从内心深处领悟到

"司法为民"的情怀。

在我的材料中有一部分是关于小额案件的，其中写到：我在一个寒冬的早晨见到一个给饭馆送菜的民工……案件顺利结案后，那个民工捧着薄薄一沓钞票痛哭流涕，我才知道他重病的妻子和上学的孩子都在等着这点钱……小额案件与标的重大的案件相比，似乎不值一提，但一个公平正义的社会应该是一个不分贫富贵贱，一样充满关爱的社会。我一生中可能会审理几千件案子，但许多当事人一辈子可能就进一次法院，如果就是这唯一一次与法律的接触让他们受到不公正对待，让他们得到一个自己想不明白的结果，在他们心中就会留下深深的伤痕。伤害了一个当事人，就多了一个不相信法律的人。而维护了一个当事人的合法权益，就会增加一分人们对法律的信仰、对社会的信心。

每当我开始讲述这个案件时，我觉得它一下子拉近了我和听众的距离。作为一名走过农村又走进城市的法官，我非常感谢广袤的农村大地让我过早地了解了祖国最困难的生活群体，这种生活给予我的启迪有以下方面：

一是我深刻地认识到越是弱势的群体越是制度应该抚爱的群体。弱势群体的含义在于他们的知识结构、工作能力处在弱势的地位，如果没有党和政府的帮助他们将很难走出困境。由于农村的发展落后于城市，农民的人口又占绝大多数，我想农村命运的改变是中国绝大多数人口命运的改变，是整个中国的改变。正是基于此，农民工的问题不仅是这个群体的问题，它成为我们国家人民整体素质的问题。

二是我深刻地认识到当一个人面临生存问题时，在意的事情多是鸡毛蒜皮的小事。农民为什么要"计较"？因为一斤粮食能够养家糊口。农村的生活使我深刻感受到温饱的重要性，也使我深刻感受到精神的高尚需要物质的支撑。对于一个高度文明的社会，一个公民的物质状态和精神状态是最大的财富，发展中的农民需要社会的改变，也需要农民自身的改变。从农村到城市，我觉得自己一直在受着城市文明的熏陶，我也相信，农民工在拿到城市的收入回家过年的时候，他身上的文明成分也在悄然变化着。现在，我们国家农村与城市的融合带来了物质的繁荣，也带来了很多文明的变化。作为一名法官，改变一个人，将一个弱者变为一个强者，将一个非法者变为一个对法律忠诚的人，每个案件都是在透过案件做人的工作。

我接待过很多当事人，他们总有弱的一方，我也接待过很多信访的人，他们还有下跪的老人，每天早晨看到警车驶向看守所，然后拉回一车犯人，这些犯人并没有犯罪的标签，有的还是可爱的年轻人……当法官的眼睛与他们触碰的一刹那，也是法官的情感与他们的情感交融的一刹那，那一刻的感受坚定着法官的直觉，它是法官的人民情怀，也是法官职业的激情迸发。很多时候，正是在这种感触中，法官为了工作和职业做到了神圣和崇高。对一名基层法官来说，接触的是有血有肉的当事人，法官要用全部的理智为他们疗治法律的问题，也要用全部的情感为他们融入社会尽最大的努力。尽管不同的案件有不同的结果，但法官的投入与案件结果的成功与否大多成正比。回忆自己曾经审理的案件，当事人的眼神变得灿烂和光明时，法官的成就感油然而生，当事人的笑容是法官最大的满足。复杂而多元的基层审判让法官和社会相连，也让法官从无数个案件中形成了对当事人的情怀，对社会大众的情怀，对人民的情怀！

如果说政治理论让我们有了思想，那么丰富的实践经验让我们练就了意志，而司法为民的答卷正是在实践和理论的结合中予以完成。站在理论的高度，同时又扎根实践的平台，无论是理论指导实践，还是实践丰富理论，都离不开人民群众的需要是准确把握法院职能定位的验收标准。商事和知识产权案件让我接触了全国各地的当事人，穿梭于农村和城市之间，让我一直处在乡土文化和城市文化的碰撞中，市场经济的全球化也让我感受了西方法律对东方法律的影响，而这一切只有怀揣人民的情怀才能找到执着的审判方向和党的工作的动力。

二、没有一位称职的法官不愿意做调解工作，但并非所有的法官都能实现案结事了的梦想。

北京朝阳、海淀的案件多而复杂，基层工作的压力决定了基层法官需要用调解等多元渠道解决纠纷。关于调解问题，汇报如下几点：

一是为什么调解会从重视调解、弱化调解到重新重视调解，最后又当调则调，当判则判？我对这个问题的回答是时代决定了调解的需要。上世纪90年代前，调解受到了高度的重视，每个案件都将调解作为必经的程序，由于个人的利益在那个时期并不突显，当事人接受调解的可能性也非常大。但90年代后，当事人个体利益越来越重要，诉讼

083

鱼水眼中的法与情

中的当事人不在轻易地让步，更重要的是社会对法律规则的需求很大，于是，市场的快速流转催生了公开审判的加强和法官为洋洋洒洒的判决耕耘。但法律不是一开始就完善的，并不十分成熟的法律反映了驾驭时代的困难，当法律的问题复杂多样，单纯的法律已显得力不从心时，调解发挥了最大限度地消化矛盾的功能，实现了法律效果和社会效果的统一。比如，拆迁的案件，不同时期有不同的拆迁政策，而调解能够实现最大限度地维护稳定、消化矛盾的良效。用调解消化100%的矛盾不是很现实，调解因当事人的不同而有不同的难度，也因当事人的理性和成熟性不同而有所不同。为了满足多元当事人的需求，最高院更加明确了调解和判决的关系：能调则调，当判则判。调解的路告诉我们，一名法官应忠实于他的时代，不断适应时代的呼唤。

二是法官要做最好的法律"医生"。当事人面临的法律难题如同法律上的疾病，法官与医生有某些相似之处。对医生而言，病人是否做手术需要根据不同的病情而定，病人的乐观和悲观的态度会影响到病情的状况，一次好的治疗需要好的医生和乐观的病人的配合。对法官而言，法官的审判能力和当事人的配合能力也是同等重要的，再好的法官也不可能取代当事人，当事人需要法官的帮助，法官也需要当事人对法律的正确理解。成长中的法官和当事人，因为均未达到理想和成熟的程度，彼此的信赖、宽容、善意、沟通都是重要的因素，所以调解的结果重要，调解的过程更重要。调解作为一种手段，通过调解让法律发挥最大的积极作用，让当事人接受法律的思维，法律在当事人的心田生长了，调解即使不可能，也是当事人理智的选择，还会起到案结事了的作用。

三是调解需要技巧。有一本书专门讲调解的技能，其中一个例子说，一对夫妇一个想盖平房，另一个要盖楼房，一位设计师在为他们解决纠纷的过程中没有直接去判断谁对谁错，而是不断修改自己的设计方案以满足这对夫妇的需求，最后，他说：我建议你们接受这个方案。于是，这对夫妇的问题解决了。我在审理桂香村、满福楼案件的过程中，采取的大致也是一种需求技巧，让当事人水到渠成地选择了调解的方案。

四是调解需要公平。虽然不公平、和稀泥的方式也能调解，但公平的方式不仅能够实现调解，还能实现法官的尊严和当事人对法律的敬畏之情，故调解的通道应该是公正。一民办企业，其研制的科研成果中标后，部门经理要求分取酬金100余万。在管辖异议期间，该经理因病去世。第一次开庭时经理的爱人哭得泣不成声，我不知道如何将此案进行下去，但我觉

△ 宋鱼水与北京市人民检察院的领导在一起

得我要用最大的努力和真诚把这个案子审好。被告开始时设置了程序障碍，用各种方式向法庭表示原告不应得到支持。为了将此案解决好，我同意与该公司的老总交流一次。我说，我很理解你们，但案件已经诉讼了，我的判决只能根据法庭上的陈述，而你们在法庭上，先是提管辖异议，后是要求公章鉴定。现在的问题是，如果鉴定结果不是假的，你们必须承担责任。如果不积极应诉实体方面的调查，就要承担举证不能的风险。而我，一要考虑法律，二要考虑二审，如果判决，我没有办法向你们倾斜。你们不太同意调解，但我还是建议你们调解解决，因为我觉得问题的症结不在于输赢，而在于公司从中吸取教训。公章出问题是公司管理有问题，原告本人有问题是公司用人不当，面对出现的问题如果不能选择更合适的方式解决，对公司今后的管理还要有影响。在法官的说服下，被告选择了积极解决问题的方式，派一名公司的副总亲自处理，而原告我也用了耐心的方法，与其律师共同疏通工作，最终，由于双方从对立走向调解的共识已经达成，问题在分歧中慢慢地消化。当我平静地看着双方在调解书上签字的时候，原告的律师很真挚地对我说："宋法官，这个案件的结果无论怎样，我都很谢谢你！"律师的话让我感到温暖，因为我觉得中国法官需要这份情感的关爱。公司后来通过院里让我去做了一次法律讲座，这种方式又让我觉得做法官的自豪和对法官工作的珍爱。十八年来，我之所以爱法官的工作，这种爱来自于当事人，它真的非常值得，它会让我们在调解的艰难旅途中执着地前行。

关于调解的话题还有很多，不同的法官有不同的调解方法，相对于判决而言，我觉得调解更重视语言的艺术，尤其在中国这样一个语言比较丰富的社会里，一句话、一个动作所展现的修养不同，当事人接受的程度就不同。作为一名职业法官，用修养去给当事人形象，用职业的追求去发现当事人解决问题的可能，甚至去创造当事人之间最大的奇迹，那是一种幸福，调解会让我们最大限度地实现法是善良与公正的艺术。

三、"辨法析理，胜败皆服"，尽管给予法官最大的苛求，但这种标准能够实现法官的梦。

我们现在有一个词叫品牌，品牌的特点在于质量上乘。一个案件达到品牌的程度意味着功夫也要下到品牌的程度。庭前的准备阶段、庭审的审理阶段、庭后的裁判阶段，如何做工作都存在一些理论争鸣，主要的原因在于，法官的定位是消极和中立的，而审判的质量又与积极有关。

首先，当事人为证据目的而交换。在证据交换目的这个层面上，应该说，当事人的积极和法官的消极都是手段，只有能够较好实现证据目的的方式才会最终被实践和理论所接受。有一起技术人员跳槽的案件，原告要求被告返还源代码，被告以原告已经生产出产品辩称原代码已经返还。对原告返还原代码是否完整协议中约定了验收人。遗憾的是，证据交换时，当事人未提出勘验，也未提出验收人出庭做证。合议庭可以在两种情况下开庭，一种是根据现有的证据，另一种是引导当事人勘验和接受验收人出庭。显然，勘验与验收人出庭能够最大限度地满足法庭调查。这个案件是选择了后者，在事实清楚的基础上法官做出了正确的判断，并帮助当事人实现了调解。本案的问题在于，当事人为什么没有主动提出验收人和勘验的问题？当事人都回答：没认识到。很多基层的案件表明，我们把当事人、代理人理想化了。事实上，他们达不到这种程度，所以，一个制度的设计，不仅在于讨论消极和积极的问题，还要跟踪消极和积极的要素是否具备，而法官的灵活性在于：应对这些复杂的情况。

其次，庭审的对抗是一种形式和内容的对抗，对抗的层次越高，审判的质量越高。我在审理十送红军和超拓雄和两案时，当事人诉辩的质量比较高。十送红军的案件涉及《长歌》、《送同志哥上北京》、《十送红军》三首曲谱的比对问题，原告主张，《送歌》是在《长歌》的基础上改编而成，《十送》是在《送歌》的基础上改编而成,《十送》侵犯了《送歌》的改编权。庭审期间,当事人用整体比对、部分比对、表演唱比对等多种方式阐述区别,也有大量的证人出庭做证,使争议的"接触"和"实质相似"的问题得以顺利判断。超拓雄和的案件因涉及的技术秘密和产品比对比较多,当事人围绕技术秘密是否为公知技术进行了递进式的证据交换,庭审演示和技术人员陈述,使法庭对技术问题有了定夺。一次好的庭审在于当事人的诉讼能力非常强,法官的指挥能力也非常准确。我庭实习的香港学生说:"律师的辩论层次不够影响庭审的质量。"我很认同这一观点,比如在侵犯著作权的案件中,主张侵权的理由可能有几部分:表达相同、情节相同、结构相同,可以说,表达是否相同最容易判断,但情节和结构是否相同则会有一定的难度,在这种情况下,被告的答辩不仅要有针对性,而且要有层次性,如果原告的证据说明的是结构问题,被告亦应针对结构部分,双方的理由要围绕层次的深入而不断进行分歧部分的辩论,只有在这种情况下,才有说服力,法庭的规则是诚实与真理的探求。诉讼中当事人的代理人出现了很多素质的缺失,而法官需要不断地调动他们的积极性,帮助他们努力弥补这一课。因而,法官的意义还在于不断提升诉讼人的法律素质,这种提升不仅保证了案件的质量,而且使更多的案件在节省资源的情况下化解。庭审如同一部艺术作品的高潮,之前的证据交换起到基础的作用,之后的裁判起到画龙点睛的作用,而庭审让大家享受了审判的过程,复原和挖掘着案件的根源,提供了更多理性反思的素材和规制问题的认同感。

第三,每一次合议都是一次慎重的选择,每一次判决都需要进行社会的检验。很多时候,人们都会困惑:庭都开了,为什么还不马上判决? 主要原因在于:有的案件争议在于事实如何确认,有的案件争议在于法律问题如何处理。当前,案件事实的确认和法律问题的确定难度都大。前者是社会背景导致的,开庭时当事人把利益看得比事实重要。后者是法律不发达造成的,一个案件的裁判规则需要法官做出很大的自由裁量。为了把握好案件,法官需要一定的思考时间。关于判决书的写作是简单而又复杂的，实践中，曾不断进行司法文书的改革，文书写作风格也在不断地尝试。我觉得政治家的手笔很有启发，比如，一部《拿破仑民法典》采纳通俗易懂的风格之后，使得拿破仑的政治方略用民法典的形式在百姓中生根发芽。再比如，毛泽东时代，从人民中来到人民中去的文学作品引领了人民的思想。我们这个时代，法律的表达也需要靠近人民，博得人民的喜爱。法律走下神坛，用人民的语言把法律讲清楚，讲到百姓的心坎上，有现实意义，当一个案件画上圆满的句号时，法律更大的魅力在于将违法的人吸引到守法的世界中。

最后，我汇报一下我对廉政问题的思考。廉政的第一道关是解决道德与法律的冲突问题，我觉得我们必须建立法与情相统一的价值体系，使我们的行为永远跟随我们的思想。其次，法官不是无情的人，只是法官需要为"法律疾病"开刀手术，这是最厚重的情感。第三，很多时候是当事人的呐喊让法官驻守在廉政的哨岗，为了让那些以为不拉关系就办不成事的人和那些没拉关系却办成事的人感受一个法官不用拉关系而给予他的正义意义的深远。

2008年6月18日

→ ## 秉承法律的使命，最大限度地推行法律效果和社会效果的统一
——在"大学习大讨论活动"座谈会上的发言

★★★★★

王胜俊院长在日前召开的全国高级法院院长会议上的讲话指出："当前和今后一个时期，人民法院要在工

作思路上做到四个更加注重、五个统筹兼顾，最大限度地实现法律效果和社会效果的统一。"下面，我向各位领导和同志们汇报一下我在这次"大学习大讨论"中对这一问题的理解，供大家交流、批评和指正。

我的汇报分两个部分，第一部分，汇报一下我对法律效果和社会效果的认识；第二部分，介绍一下我在办案中努力实现法律效果和社会效果相统一的经验体会。

一、法律效果和社会效果既存在区别性，又是一个紧密联系的统一体。

在回答这个问题时，我想到另外一个问题：过去十几年里我们为什么走过的是一条法律效果突显的法律历程，而今天的我们为什么又困惑于法律效果和社会效果统一的问题？我想，市场经济的繁荣也带来了法律的繁荣。在市场经济的初期，为了彰显法律这门职业，法律效果也伴随而生，公开审判和裁判文书对法律规则的诠释曾经使我们和社会一起在尽情地拥抱法律。但伴随着法律的日益红火，法律效果与社会效果的区别性也突显出来，社会在接受法律这门职业的时候也从法律效果的角度对法律既产生了渴望又难以完全信赖，质疑声不绝于耳。人们追随法律的感觉不像人们对道德的信念一样根植于自己的心脏。法律效果和社会效果不能统一的矛盾以及我们曾经过度对法律效果的渲染最终引起了老百姓的负面评价，关于法官只重程序不重实体，只重证据不重事实的社会现象引起了部分当事人和部分群众的强烈不满，法院每年的信访案件也一直居高不下，法院本是解决当事人冲突的地方，但法院与当事人的冲突却愈演愈烈，很多法官在执行现场有的受伤，有的牺牲了生命。当我们感受这些的时候，我们不得不重新思考：法院是为当事人解决冲突的地方，不是制造法官自身与当事人冲突的地方，我们需要对我们的工作重新定位，对法律效果的追随做以深刻而全面的反思。

就法律效果而言，它更体现法律这门职业的特点。从法律的职业谈起，由于它的司法功能主要是对过去发生的事情进行复原，并对纷争的焦点做出裁判，故其对当事人提供的证据依赖性很强，而根据证据推论出的法律事实接近客观事实也不是一件轻而易举的事情，尤其在当事人诉讼能力还不够强，律师队伍还不十分壮大的情况下，法庭调查求得案件事实真伪的难度更加加大。基于这样一些因素的考量，我们法律人把一个案件能够实现的效果称为法律效果，有时候为了突显我们的困难，也常常把法律效果和社会效果相区别。

但评价法律效果的主体不仅仅是法官、律师，它常常是我们的当事人、社会各个利益主体，以及我们的党和人民。我们的权力来自于人民。我们所在的法院党组的决定是最重要的决定。这意味着司法的功能单纯满足法律效果是远远不够的。我们应该通过法律效果实现社会效果，或者说，对社会大众、当事人、非法律人而言，法律效果的好坏，他们不可能从法律专业上去评价，因为他们不是法律专业人员。他们的评价只能是法律是否取得了公正的社会效果。从这个意义上说，法律效果和社会效果的统一是法律的最高境界，也是党和人民赋予法院权力的前提和基础。一句话，全社会都认为我们实现了公正，才叫真正的公正，这就是社会效果。

越过司法层面，考察法律关系和其他社会关系，法律效果和社会效果的紧密性更为明显。我这里以两位立法专家的感触为例。曾在国务院、全国人大有法律资深经历的杨景宇主任最近出了一本书《法治实践中的思考》，其中，《坚持中国式的立法制度，完善中国特色社会主义法律体系》一文中提到法律手段与其他社会手段的关系，他说："法并不是万能的。调整社会关系的手段是多种多样的，除法律规范外，还有市场机制、行业自律、习惯规则、道德规范以及先进的管理、技术手段，等等。加强立法工作，当然需要考虑制定和修改法律、法规，同时也要考虑如何充分发挥市场机制、行业自律、习惯规则、道德规范以及先进的管理、技术手段等在调整社会关系中的作用，不可能什么问题都要用法律手段去解决。……国家强制力也是一把双刃剑，该用不用要吃亏，运用不当、运用过分又会产生负面社会影响，因而运用国家强制力需要十分严肃、慎重。"原全国人大法工委副主任张春生在《南方周末》的专访中则从另一个角度谈论法律：非得把它（指法治）作为一种信仰、习惯，至少大多数人发自内心奉行它，维护它，才算真正实现（法治）。照这样看，我觉得法治精神深入人心至少还要 30 年。他同时举到一个例子：1983 年出台海上交通安全法，当时遇到一个尖锐的问题，远洋舰队如果不服上海交通监管部门的处罚，能不能到法院告？国务院提的草案没有规定，常委会委员提出必须规定，如果不服可以上法院告，于是，加了一笔，这一笔掀起了轩然大波。当时的交通部长副部长均不赞成，常委会副委员长兼秘书长彭真，带着四个副委员长找交通部长谈话，交通部长说，我这个海监交通部门，帽子上是戴国徽的，让我戴着国徽代表国家执法权去当被告，不合适。彭真就让同行的法工委同志过来，让他读宪法第 41 条（公民对任何国家机关和国家机关工作人员的违法失职行为，有提出申诉、控告或者检举的权利）。读完后，彭真同志说，这就是行政诉讼的根据，我们这是在执行宪法。一个船长和大副得 15 到 20 年才干上这个职务，吊销他执照就是砸他饭碗，难道还不许可他上法院讨个说法吗？后来他们就不争辩了，经过这么艰巨的过程该写的法条写上了。我在这里举的这两位专家的例子，实际上想说明法律走的是务实之路，也是艰难之路，法律必须注重与其他调整手段的不同功能，防止强制力的法律手段的泛化，保证法律手段的纯洁，同时，我们也要清醒地认识到法律的历史及法律开路人所走过的路。如果说，法律在立法层面充满思考，那么法律更应该在具体的司法层面充满统筹，实现与其他手段相配合的和谐，即法律效果和社会效果的和谐。

我最近看了一部美国影片，大致在讲八国联军入侵中国。我觉得在这部影片中我突然进一步认识了历史，也突然明白了为什么领导者总是说，年轻人应该好好读读历史。过去，在读这段历史的时候，我只知道清政府无能，但看了这部影片之后，我认识到当洋枪洋炮宰割中国人的时候除了鲜血很难有别的出路，这好比一场地震给予灾区人民的经历，印第安人面临欧洲人的撕裂，但我们这个民族历经百年却重新站了起来，历史让我们看到了民族的顽强和自豪，当然，也看到了我们的责任。现在，科技与法律的引进不可能是一帆风顺的，我们自身体内的排异反应将是十分巨大的，所以，自清朝以来，我国已有百年的宪法史，五四宪法以来我们又走过了54年，但法律之于中国的旅途还很艰苦，法律推行之路已经洒满几代人的努力，需要我们倍加珍惜！党的十五大确立了依法治国的方略，十七大又提出了全面推进依法治国，在本次大学习大讨论中，胡总书记的讲话：党的利益至上、人民的利益至上、宪法和法律至上值得我们始终牢记在心。我个人觉得，在中国五千年的历史上，我们现在所处的时代是中国历史上最好的法律时期，机遇大于挑战。我们在新的机遇和挑战面前，只有努力实现法律效果和社会效果的统一，才能使法律走向人民，才能得到党的强有力的支持，才能使我们热爱的法律事业像森林和树木一样长在中国的大地上，实现几代人所梦寐以求的法律治国的梦想。

当法律与经济一同走过，在经济如此繁荣，社会的利益越来越需要调整的今天，法律的审视也越来越大。社会正在弹奏一部法律的交响乐，而我们作为法律的指挥家之一，肩负的使命是让那些最不和谐的音符与社会相和谐。从马锡武田间地头的审判到法律搬上庄严的法庭圣殿，法律从非主流文化逐渐成为社会最重要的主流文化，法律成为人们生活方式的可能性也越来越大，这意味着我们需要很多技巧和能力来彰显我们法官的风采。

二、以下我谈几点实现法律效果和社会效果统一的经验体会。

周永康书记 2008 年 12 月 24 日在全国政法工作会议上的讲话指出，必须用统筹兼顾的根本方法实现法律效果与社会效果的统一。当前，我国正处于改革发展的关键阶段，处理这个时期的社会问题，必须全面、辩证地分析各类矛盾的性质、成因及外部因素的影响，在工作中正确处理民主与专政、预防与打击、教育与惩罚、服务与管理、效率与公平等各种重大关系，做到统筹兼顾，力争取得最好的法律效果和社会效果。在学习周书记的讲话时，我想，当法官之所以自豪，是因为能够化解社会最尖锐的矛盾。这就要求我们有将军的风度，再困难的战役不是退缩，而是有足够的智慧去取得胜利。也像医生一样，该开刀手术的时候决不手软，因为挽救一个人的生命胜过一百句甜言蜜语。法律讲究哲学，尤其讲究辩证思维，科学的思维方法能够兼顾各种矛盾的统一，引用十七大报告中的话，就是科学发展观。程序正义与实体正义的统筹兼顾，法律效果和社会效果的和谐统一，当然非常困难，而且，作为一门专业追求应该是永无止境的，但党要求我们树立科学发展观意味着道路是曲折的，前途是光明的，我们需要从思想上高度重视，行动上积极总结，实现王院长要求我们的"司法能力特别是群众工作能力"。我主要介绍三个方面。

（一）沟通能让我们较好地满足法律效果和社会效果的统一。

"沟通"的概念就是走进当事人的心灵，用心与心的方式取得当事人的信赖，进而解决当事人的纷争。我曾经面临儿起棘手的案件，沟通让我感到成效。一起案件是我当经济庭副庭长时，有一个外地的当事人在一个周五的下午闯进我的办公室，非常气愤地反映庭里的一位法官对他的案件处理有问题，我说，您消消气儿，待我将这起案件调查清楚后下周一给您答复。但他还是气冲冲地走了。周一早晨一上班，我第一件事儿就是给这位当事人打电话，不久，他来到了我的办公室，说，案件听我的，我说怎么办就怎么办。我诧异地问："为什么？"他说："我从来没想到您会主动给我打电话，我以为您在搪塞我。所以，一打电话，我很感动，您说，这个案件该怎么办就怎么办。"看着当事人对我完全相信的样子，我倒有点儿发毛，生怕自己的回答在法律上对不起当事人！望着当事人满脸高兴地去找承办法官，我思考了很久，觉得心中有当事人，必然换来当事人心中有你的回报，这样的一种感觉影响了我多年的法官之路。

去年还有一件事情是我沟通最失败的一次。这次我是知识产权庭的庭长，当事人说，我要找宋法官，于是我接见了她。但她一屁股儿坐下，就破口大骂承办法官不公。我找来判决书看了一下，又看看承办法官，看到了承办法官的委屈，也看到了判决书写作的辛苦，这几位法官为了让当事人不至于有今天这个样子可谓费尽心机，但当事人的暴风雨却还是来临！这位当事人几乎激怒了庭里所有的法官，他们问我拘不拘。我想为承办法官撑腰，在是否拘留的问题上犹豫不决。最后，这件事虽然还是用别的方式解决了，但有一个问题留下来了：当你面临一个如此暴怒而失去理智的当事人时有没有更好的应对技巧？这个问题苦恼了我好长时间，为此，我还和刑庭的法官探讨过。他们有的主张从严处理。刑庭的庭长曾给我举了一个例子：在他刚办案的时候，曾遇到一位年轻人倒卖毒品，且是初犯，故判得很轻，延缓执行了。但没想到他出去后又与一个团伙共同犯罪，这次非常重。他由此总结到：对年轻人和初犯严肃处理也许更好。我很狡猾地问他：这么多年，有没有威胁你的犯人？他说，只有一次，但因他无所畏惧，震慑了当事人。我又问了他另外一个问题：当事人在心里会恨你吗？他说，如果这样想就没法办案了。我后来想：民事法官与刑事法官最大的不同在于：刑事法官裁判的被告人国家有后期教育管理措施和管理机制，但民事法官裁判的当事人直接就扔给社会了，如果没有一点心理指导，可能会想不开，甚至怨恨法官和讨厌法律。必要的沟通是我们这个时代难免的需要。所以，这问题苦恼了我好长时间，今年我终于找到点答案。这起案件是涉及一个影视作品的案件，原告将其写作的作品用于拍摄影视，结果发生剧本质量争议，并与合作方发生了纠纷。这个案件比较复杂，合议庭判决后，当事人比较恼火，就给我写了封信。我看后立马约见了当事人，开始时他的表现与前一个当事人一模一样，但这次我压住了火儿，仔细地听他讲。以往我会说，这个案件属于二审继续查证的问题，如果有廉政问题和审判作风问题可以向我反映，但这次我没有这样说，我仔细地任凭他陈述了案件事实的经过，并从他陈述的事实中知道他恼火的真正原因：合作不成功，他的损失非常惨重。我给他做了总结和分析，并提醒他二审中他享有的权利和应做的准备。我并不以为一审的法官裁判有问题，但我还是本着对当事人负责的态度对他做了法律指导和发生这样一场纠纷应吸取的经验教训。我的沟通能力终于打动了他，最后他说：很不好意思，刚才很不礼貌，希望我理解，并谢谢我接待了他。我望着他下楼的背影，觉得这个满不信任法院的当事人突然变化为什么？是因为我让他有了倾诉还是他感觉到我对他的理解？我想，

093
鱼水眼中的法与情

都有，但最重要的是后者，当他缺钱、生意做得很失败、法院的判决再次确认了他的伤痛的时候，他多么需要法院的一份理解去抚慰他的伤痛，我突然认识到了这一点，我有了同情之心，和对在社会奔波的人们的一种牵挂，这样的一种感悟引领了我与当事人沟通的一种信念。他们需要我的帮助，那些在黑暗中找不到光明甚至绝望的人们，也许法官的帮助会重新燃起他们走向社会的希望。

奥运口号著作权案是一起非常棘手的案件。案情大致是，原告认为其在奥运征集口号中用电子邮件的方式向奥组委发送了应征稿件"One World One Dream 同一个梦想"，被告认为该应征稿件未收到。本案查证的事实是原告也发送了稿件；被告也未收到稿件，这样一个事实加大了案件的处理难度和敏感度，所以，在去年的五一、十一、元旦，我和合议庭成员、靳学军院长都没休息好，精力全用在这个案件上了。百年奥运涉及每个中国人的梦想，而本案的敏感性涉及中国人的国际形象问题。对中国法官来说，对本案的大局观不是一个可以小视的问题。这个案件的另一个难点在于：双方对法治理念产生激烈争论，原告主张我们已经进入一个奥运文明时代，应坚持公开审理公开裁判的法治理念；被告主张为了完美的中国奥运形象，希望用化解矛盾的方式将矛盾消化到最小。这个案件对法官来说，实际上原告的理念和被告的理念都非常重要，但法官要尽量融合双方的观点，既要肯定原告积极推进先进的司法理念，又要考虑中国的国际形象问题，怎样处理对中国更有利？而我们实际上也面临价值冲突。半年来，原、被告双方当事人都希望在既维护国家形象又坚持理念到位的基础上探讨本案的各种解决方式，而法官也在不断地采集当事人之间能够共识的部分。所以，这起案件虽然由于特殊的因素，最后没有以调解的结果结案，但对这个案件判决的反映可以由此分析实现法律效果和社会效果的善良通道：这个案件的审理得到了北京市高级人民法院主管院长王院长的口头表扬，也得到了被告的认同，他们对判决书的写作和观点表示了积极的评价！但这一切都无法扫去我对原告的牵挂。事隔几个月后，原告给我发来了迟来的短信："案到中院更备感鱼水法官（我想，这里的鱼水应该是靳院长和整个合议庭成员）的人本情怀和良苦用心。今天接到维持原判的结果，终归对自己有了交代。在此再次向宋法官表示我个人的敬意！衷心祝愿你在中国司法的进程中留下自己的足迹。我仅作为见证者。"后来，我回短信说：百年奥运对中国人来说，太大了，让我们一起汇聚我们的思想吧！他后来告诉我，他做爸爸两个月了，他也是一个热血青年，但总是阴差阳错！有机会再向宋法官请教。我这里举这个例子不是想夸耀什么，而是想说，我们在处理一些讲政治、讲大局的案件中，我们要对政府负责，也要对当事人负责，我们与当

△ 宋鱼水在做事迹报告

事人的沟通能力决定当事人是否会因个案问题被社会边缘化的问题，也决定当事人对法院和政府的支持与否的问题，当事人是可爱的，即使他们有时违法甚至犯罪，但依旧是中国人，爱心是感化、挽救他们的最重要的钥匙。

当然，在十多年的审判中，沟通让我游刃有余了许多，很多案件都在极大的矛盾中得以化解。这么多年以来，翻开自己工作的履历，调解是我最重要的沟通记载，判决是我最后的沟通努力，在一个个当事人呈现的时候，我觉得那份成就感让我充满回忆的幸福。西方有句名言，法官是最接近上帝的人。我们不信上帝，但我们要做最善良的人，最善良的法官。世界在发展，中国在进步，善良唤醒的是人们的觉悟，它让不善良的人趋向善良，让违法的人们转变思想。我们这个时代需要法官的善良，尤其在矛盾的突显期，和每个人面临巨大的压力、困惑而失衡的时候，让善良变成法官的一张名片，去抚爱我们的人民，去重新燃起大家对人民法院的期待，对公正的期待！而这种期待就是我们所实现的司法的权威，在公信力日益强大的前提下所得到的法院威望！

（二）我们为国家的法律而工作，公正是我们的职业生命，也是法律效果和社会效果最终实现统一的最珍爱的通道。

我们之所以喜欢法律，是因为法律代表了公正。很多时候，由于心中有一份公正，才使自己将最棘手的问题得以化解，并从而取得了更好的法律效果和社会效果的统一。我在此举两部分例子，一部分说明，法律效果和社会效果的统一并不意味着不要法律，我们是在探讨法律之下的最好的社会效果。另一部分要说明，法律的本质是公正，只要我们尝试，公正能够实现最好的法律效果，也能实现真正的社会效果。

前不久，我审理了一起技术合同的案件，原告因技术未达到预期效果要求与被告解除合同。开庭时，被告拿着公章到了法庭，因为要办理法定代表人和委托人的相关手续。被告同时带来一位旁听人员，开庭时，我发现一到被告发言时，他总想插话，而被告又特别希望听他的。这时，按照法律效果的模式，我想，我们一般会说：旁听人员应遵循法庭纪律，开庭时不能发言。但我还是选择了社会效果的方式，我说，被告只有一位代理人，但实际上可以委托两位代理人，如果在坐的旁听人员想为被告陈述，被告可以委托其作为代理人，但前提是原告同意。我又和原告商量道：这个案件法庭希望把事实更好地查清，以便更好地给你们做工作，或者与你们沟通意见，对被告增加代理人能否同意？原告在庭前没能和被告做成调解工作的原因是案件事实争论很大，需要法庭帮助，所以，看这种情况就同意了。法庭调查中，原告的证据不足以证明被告技术不合格，下一步需要昂贵的鉴定，这时，合议庭在征求鉴定意见时必须做调解工作的最大努力，否则当事人的诉讼成本会加大，对一个小标的案件来说，很不经济。这个案件调查的程度表明，原告认为被告的技术有问题，被告认为原告还没弄清楚该技术的使用，技术培训时原告没学会。在这种情况下，在调解中起决定性意见的是那位旁听人员，原告同意他应诉的诚意以及诉讼期间他对原告的分析使他有了开怀的胸襟，力促双方拿出最大的诚意解决纠纷。结果，在原告少有损失的情况下案件得以调解解决。我想，这就是社会效果，夹杂着很多感情因素、技巧方法的法律效果中的社会效果。我们在座的多数人都是办案出身，这方面的案件可能会有一堆，我也有很多这样的案件，我最大的体会是，在依法的情况下寻找法律矛盾的突破口。我曾经和案件中一个外资公司的法律顾问说，该公司在中国要有市场，得研究中国，让中国的侵权者变成合法者一靠严打，二靠疏导，我认为拿出成本进行疏导会更有效果，所以，你得做外资公司的工作。她开始死活都难以同意我的观点，但后来正在尽力做此工作。我也尝试过录音证据的交换问题，我有一次坚持在庭审中播放当事人无异议的录音证据，按照法律效果，这部分证据可以不用播放，但交换证据的法官告诉我，这个案件的原告情绪很激动，为了取得良好的社会效果，我和合议庭商定：还是听一听，结果，播放之后，庭审进展顺利，当事人将四起庭前争论很激烈的案件调解了。当事人后来告诉我，放录音增加了我们对合议庭的信任，庄严的法庭，三个人都仔细地听录音的每个问题，这换取了我们对你们的信任，所以，法庭的观点我们接受了。庭审中遇到最棘手的问题是，当事人把该带的证据没带，比如，我们有一起商标案件，原告主张被告销售了假冒其公司品牌的纸张，被告要求看原告到被告处公正购买的纸张和原告自己生产的纸张，以此确认其是否假冒销售。但原告说，证据交换时被告没提出异议，所以，没带。我是这样和被告交换意见的，首先，我先分析了这个案件的真正的法律问题是什么，以期取得双方的法律信赖，之后，我转到了证据的话题上，我笑着说，这几年，我跟踪了一些案件的当事人及一些信访案件的当事人，我发现相当一部分案件是当事人对证据的认识不到位，而法官在证据欠缺的情况下裁判常常引起不利一方当事人的上诉或信访，我也发现二审有可能将一审未考虑的证据予以考虑，但几乎没有一起案件将一审超过举证时间采纳的证据说成有问题的，这说明对证据规则的适用需要熟练的一个过程，在这个过程中一方面要推动证据规则的运行，另一方面要根据当事人的情况从根本上提高当事人的诉讼能力。所以，被告是否允许原告将这些证据提交法庭，通过比对增加双方调解的最大系数，同时，也可以直接将原告吸收为你们的进货商，增加双方收益。此外，证据不足原告再诉的案件真的增加社会成本，包括被告屡次奉陪的时间成本，所以，还是源头解决为好。这些案件都未超出法律的底线，都还是法律上的效果，但从法律的追求看，法官也可以选择更严格的法律模式，我也相信，随着公民法律素质的提高，当事人诉讼体系的完善和成熟，这种法律模式会更代表法律的方向，但今天的中国不可能一下子达到这种发达程度，中国的法官也不可能一下子就达到西方法官的牛气劲儿，我们还有很多工作要做，社会效果的取舍是为了更适合中国的国情，并尽可能用疏导的方式引领社会的法律进步，达到社会效果下的法律永久生命力，即与社会效果相吻合的赢得社会支持的法律效果。

我接下来举的例子想做另一部分的说明：我们不要偏离公正的轨道，法律效果和社会效果之所以能够统一是因为都追求社会公正，而这种公正恰恰也是被社会完全接受的道德理念和法律理念，任何时候，我们都不要忘记，老百姓的眼睛是雪亮的，不公正很难蒙混过关。公正地坚持恰恰是法官的人格，是每个案件取得最好法律效果和社会效果的助推器，也是法官这门职业不至于消亡反倒越来越有社会生命力的意义所在。以下我举的例子试图说明，坚持公正办案反倒对当事人的效果更好。

我曾经审理这样一起案件，这个案件的原告是被告公司的部门经理，而被告是一个非常有名的民办企业，双方因技术投标过程中的巨额奖金发生争议而诉讼到法院。原告要求被告给付，但证据有瑕疵，被告不给付而提出管辖异议，笔迹、公章鉴定等程序障碍。更为糟糕的是在管辖异议期间，原告因癌症夺去了生命。整个审理过程，原告家属泣不成声，被告慷慨陈词决不让步。这个案件我决定还是单独和被告法定代表人谈一次，我说："我很理解你们，但案件已经诉讼了，我的判决只能根据法庭上的陈述，而你们在法庭上，先是提管辖异议，后是要求公章鉴定。现在的问题是，如果鉴定结果不是假的，你们必须承担责任。如果不积极应诉实体方面的调查，就要承担举证不能的风险。而我，一要考虑法律，二要考虑二审，如果判决，我没有办法向你们倾斜。你们不太同意调解，但我还是建议你们调解解决，因为我觉得问题的症结不在于输赢，而在于公司从中吸取教训。公章出问题是公司管理有问题，原告本人有问题是公司用人不当，面对出现的问题如果不能选择更合适的方式解决，对公司今后的管理还要有影响。"我的话表述了两个方面的意见：不要对我有不廉洁的动机，但我想帮助你们。

在我的游说下，被告本来希望我能做出对他们有利的判决，但最后告诉我：派一位被告信得过又与原告关系不错的老总与原告沟通，最后，问题得以顺利解决。这个案件审结后，原告对我说："宋法官，这个案件无论怎样，我都要谢谢你！我从来没有看到一位法官能这么上心一个案件！"被告后来请我去做了一次法律讲座，一进门时其工作人员暗示我别提这个案件，我点点头，但在我讲完时，被告法定代表人却说："我看宋法官是位好法官！比如，我们那起案件……"在那一刻，我觉得公正征服了一位老板的心。

还有一起案件是我庭王宏丞法官审理的案件。在开庭时，有位熟人给我打电话说，这起案件能否不公开审理？被告是海归派，报国热情正高呢！我思考了半秒钟，还是坚决地说，这起案件媒体十分关注，而且开庭时间已经公布，不可能收回了。我是一个老好人，工作中不想得罪任何人，但经验告诉我，只有坚持公正才是对企业的最大帮助，所以没有考虑他的意见，我知道是对整个社会好，也是对每个人好，因为真正的好就是一个国家、一个社会在大家的心目中感觉不错，这样的话，全社会付出的成本最小，每个人受益最大。被告看人情走不通，对本案的法律问题开始重新审视，修改了三次答辩状，开始两次都拒绝承认侵权，但最后一次不仅正式承认侵权，而且语言让原告感动，最终让原告接受了被告的使用方式即原告将争诉作品及被告需求的作品一同许可被告合法使用，使这起彩铃下载案件为彩铃行业的发展界定了法律的规则和秩序，同时，也使北京市海淀区人民法院和音乐著作权协会进一步推动著作权许可使用开创了新的路径。我想，法律正在征服一个行业。

北京市海淀区人民法院知识产权庭已经有十多年的历史。十多年来，一直秉承公正的办案品牌，在五任庭长的努力下，不仅国内小有名气，而且在一些关注中国发展的国家也引起了关注。北京市海淀区人民法院的公正形象也是在多年的拼打中有了一定的声誉。去年，俄罗斯的法官曾点名要听北京市海淀区人民法院的案件。公正给了我们很大的压力，也使我们充分感受到这样一个真谛：随着公信力的提高，公正的成本越来越少，审判工作的开展也越来越顺利，而法官作为一个整体所感受的公正价值也越来越突显。

（三）既带着规则和法律办案，也带着思考办案，会使法律效果和社会效果得到理论升华。

在转型时期，中国高举的是社会主义法律体系和社会主义法治理念.其最重要的原因在于中国的经济有自己的模式，中国的政治制度是社会主义的法律制度。在具体的案件中，我们需要深刻理解和思考，可以说，理解越深刻，我们的案件会解决得越有成效。我举几个例子予以说明：

一是关于法律与经济的问题。今年，我们受理了507件硕士生、博士生状告一家数字图书馆侵犯著作权纠纷案。因为当事人发起的是规模诉讼，而且背后是两大数字公司对企业经营模式的争论，为妥善处理这些案件并最大限度地应对更大规模的诉讼，我们将数字图书馆的调研作为今年的调研课题，与海淀区海淀园一起对数字图书馆的经营模式、困难、理念、方向等做了全面调研，在调研中我深刻感受到：在发展的命题上法律对经济的规则需要跟进，且要有所作为，因为经济模式一旦形成，法律的规则秩序没有跟进，在经济基础决定上层建筑的命题中法律很难调整已经形成的经济秩序。在另两起以国家考试中心使用作品是否构成侵权的案件中，我又深刻地认识到：市场给每个人带来了用能力和资源创造财富的机会，也同时给每个人带来了能力和金钱的压力。我国自隋朝隋炀帝时期就开始科举制度了，然而，为什么在我们这个时代才有作者站出来主张著作权？是他们把利益看得很重，还是财富取得来源进行了新的调整？我感觉新的市场体系的建立带来了新的公平体系的重新构建，我们必须在社会主义市场模式下分析问题、解决问题。

二是关于体制与法律的问题。这个问题来自于我对有效合同和无效合同的思考。我们走过了一个无效合同认定比较宽泛的过程，现在我们又比较倾向于大量的合同应该确认为有效。因为经历了这个过程，我在想一个新的问题：这就是过去认定合同无效的时候，行政权和司法权相得益彰，综合治理力度比较大，现在认定合同有效的时候，司法权与行政权越来越分离，结果分工的衔接性不够，违法的当事人、恶意的当事人有了更多的漏洞可钻。在法律部门越来越细化的过程中，新问题也开始越来越多。合同有效无效的杠杆也许还要考虑我们的行政管理模式和对具体当事人的有效治理。

在正在修改的《专利法》中，我更加具体地感受到这一点，《专利法》涉及到确权程序的很多讨论，我也收集到很多信息，其中最重要的信息是：在国家对专利管理已经形成基本的资源配置的情况下，法律的改变受到资源配置的制约，否则，就会有资源的浪费和新的资源配置带来的难题。

我们在与西方的法律比较时，法律背后的资源更需要我们认真考虑，法律的完全市场化的利益衡量也值得我们慎重，而这一切就是法律效果和社会效果仔细斟酌的思考要素。社会效果的深思熟虑会使我们办出更漂亮的案件，取得更好的法律效果。

有一句话，思想有多远行动就有多远，正是在办案中的思考过程使我和我的同事们不断追随法官公正的理念，我们力求把庭审、案件、当事人、法条、司法解释……一切涉及法律的问题都最终用公正的标尺去思考，带着当事人一同去追随公正的目标，分享公正的过程。具体说来，在审判方式多年的改革中，法官既是践行者又是总结者，十多年来，眼前滚过的一切审判组织模式和法律术语让我最终认识到，法官中立、举证时限、审判长制度、独立审判这些要求都是手段，只有最终实现法律效果和社会效果统一的实践理论才是最终经受住公正检验的中国法律模式。所以，我们一方面要考虑法律和理论是怎样要求的，我们应该怎样做，另一方面又要不断尝试法律和理论如何做效果更好，不断总结当事人在诉讼中接受的效果。这种尝试好比做一次科学实验，每一次实验都会有一些收获，在不断收获的累积中我终于感觉到一场庭审好比演奏一次音乐，庭前的证据交换是其序曲部分，庭审是其高潮部分，裁判是其最后的尾声，既要有好的开头，也要有好的结尾，更要有中间精彩的诉辩高潮。如果说，我们是指挥者，当事人和其代理人则是演出者，我们需要教会他们诉讼的过程和法律神圣庄严的感觉，在案件结束的时候，让他们带着这部具有人生启迪的法律音乐走向社会，并成为社会的法律音符，与整个社会共同弹奏最宏伟的带给整个国家、民族公正快乐的法律乐章。很多时候，我在反省时，总觉得很多案件的调解是因为我们身上的公正观被当事人感受到了，当事人仰仗对一名法官的信任才用调解的方式告别了法庭，所以，裁判的最后努力依旧是把当事人说服。当我们伏案埋头于一个案件的写作，我们所遵循的法律观点常常是多种法律意见的集合，我们在审限内不仅集合了当事人的意见，也集合了社会最新的理论成果和最有代表性的声音，同时，我们选择的说服方式是让双方当事人都接受的观点，所以，我们选择说服的角度往往是那些最难说服当事人的案件的角度，说服的语言方式也是当事人最喜欢接受的风格，我们透过案件的难度走进当事人的心灵，用最好听的法律心语尝试最有难度的当事人的接受。每一次征服，收获的不仅是法律，还有美丽的记忆，作为一名法官，那种装载着当事人的记忆是我们这个职业独有的，法官这个职业之所以神圣是因为它已经添满了对当事人的记忆，对社会公正的记忆。

各位领导、同志们，法律效果与社会效果是一个矛盾统一体，对社会效果思考越深，法律效果的研究会越深入，对法律效果越挚爱，社会所期待的社会效果就是我们所追求的法律效果。美国大法官卡左多曾说过："法律是生长的。"这种生长实质上是法律效果和社会效果的衡量，而我们国家则旗帜鲜明地将法律效果和社会效果的统一提了出来，我想，成长中的中国法官在党的统领下，在人民利益的需求下，秉承法律的使命，全面推行法律效果和社会效果的统一，一定会有中国法官的特色，并在全世界形成中国的法官形象，这就是一个崛起的中国和在中国法律体系支撑下的中国法官！

为共和国载入中国史册的中国法官，为世界能够看到一个法治的中国，为十几亿人口不再为公正付出成本，为普天之下打造一个人人感受公正的幸福生活，让我们一起努力吧！

2009年7月8日

参加感动中国人物评选感言

★★★★★

这次参加百位感动中国人物的评选，还是感想很多！我想，主要有两个原因：一是六十年国庆所包含的文化、习惯、期待、幸福、祥和、辉煌，对中国人来说，每个人都会有很丰富的理解，大家无一例外地都会觉得这是国家的盛事！二是六十年考验中国的法治正处在蓬勃发展时期，我们肩负的任务非常重，可以说，国家兴亡，法律有责。由此，作为一个法律人参选感动中国人物的评选，这次光荣非同一般，我衷心地希望，在评选的过程中能够给每个法律人带来信心，给中国人带来法律的憧憬。

作为首都政法战线的一员，虽然是一名工作二十年的老同志，但我身上所洋溢的对法律的挚爱从来没有停止过。直到现在，每每听到当事人的一点难处，都会激动，甚至暗暗地流泪。我是一个十分随和的人，但从来不能容忍自己对当事人的不宽容，也从来不能容忍我的同事对当事人的不礼貌，因为当事人对一名法官来说，所有的法律播种都有可能成为现实，他们那种亲身感悟的法律知识、法律教导、法律文化以至于法律习惯都有可能在中华大地上遍地开花结果。一名法官即使工作一辈子也做不了什么，但无数个当事人所承载的法律感悟，它是法官的无数次梦想，它是一个个具体的案件所打下的法律基础，它展示的是法官整体的形象，也展示着法律在一个国家的建设中能否取得辉煌！作为首都政法战线的一员，作为全国政法系统的一兵，在渺小中，常常能够感受我们这支队伍的强大，国家和人民对我们这支队伍的期待，正是如此，我们对祖国和人民的爱转化为我们对法院、对政法战线的爱。我们从事的是一项感情冲击最突显的工作，但我们心中的爱如磁铁般融化着邪恶，建立着秩序。尽管我们还有很多不足，尤其是专业能力上的差距，专业修养上的欠缺常常让我们尴尬，但我们不会停止追求，随着中国经济的崛起，中国法律将成为它的孪生姐妹与它一样傲然于世界！

人生中充满感激。我是在首都这片沃土上成长起来的法官。如果说，社会中的每个公民都需要经营，只有经营才能成为合格的公民、优秀的公民，那么，一名法官的培养将更不容易，一名优秀法官的培养将更要付出心血。每天我都走进海淀法院的大楼，那座大楼已经成为我成长的象征，有五任党组的培养，它已经筑起我心中法律的丰碑！而与我相处二十年的同事，有的因病离开了办公室，而就在去年，一位为我装饰办公室的物业师傅已经不在了。海淀法院长长地走过，有很多人在奋斗中消失，但北京市海淀区人民法院的精神正在风雨中汇聚成河。心中装着海法，装着同志们的热望，在北京法院的平台中继续感受领导和同志们的期待，每一次与北京法院的新大学生交流，每一次站在北京市高级人民法院的主席台前发言，要说的话，都是这个大舞台背后英雄们的话。如果说，首都让我们有优越感，那么，北京法院的领导和同志们让我有战斗感。我们和战士没有本质的区别，我们是和平年代的士兵，保卫的是国家的稳定和发展。北京法院的领导为了让我们成为一名合格的"士兵"，让我们吃了很多苦，在我的记忆中，敬业和加班已经成了习惯，但正是这种习惯，我们这个法官群体开始有了深入的业务钻研和质的飞跃。"辨法析理，胜败皆服"不是我个人的努力，是我们这个集体的品牌，我们虽然还有相当的差距，但我们多年来就是以非凡的职业标准要求自己不断地飞跃！现在，北京的法官不仅在壮大，而且更加注重意志品行、职业能力的培养，群体素质的提高，这一切都会再次打造北京法官的新形象。

走出法官群体，首都政法让我感觉到其辉煌的成绩，因为它肩负着更加繁重的任务。烈日下的警察，夜幕下的侦查，这个行业的职业特殊性更与生命联系在一起，而方检察长花白的头发无不渗透着其检察官的智慧，这是训练我的集体，也是我至今工作觉得可以服务一方百姓的集体。

爱自己的工作就要爱自己的职业，就要把自己的职业做到最好。这对一个法律工作者来说，并不简单，也很不容易。法官是一个动脑子的职业，而且容不得半点错误。因为案情再复杂，下判再难，社会不会降低标准——法官应该有一个公正的说法，这是我们常听到的声音。在中国五千年的文化中，无论是人治还是法治的历史，公正是老白姓从未动摇过的标准。一个案件，越复杂的背景老百姓越要看得见公正。回忆我在北京市海淀区人民法院的20年，尚秀云法官对我的影响很大，公正在她的身上不断地延伸，去年年底，她领我去了青少年管教所，一堆孩子成了犯人，成了希望见到法官妈妈的孩子！我们没有理由对孩子们说："我们只管判，不管改造孩子！"那些犯了罪而绝望的孩子们也是中国人，可是他们的罪行又真的不可饶恕，因为除了他们，还有无数个被害的家庭和被害的孩子们！唯一的办法，我们必须让成长中的孩子学会健康地长大，而健康首先是社会秩序的健康，法治环境的保障。很多次，我们不是没有情感，但我们却要学会拒绝，因为公正是对每个人最美丽的情感，我们希望公正带给人类具有普遍意义的幸福，带给更多的孩子们更多的教育，更多的人民更多的和谐。

我觉得凡是艺术的都是大众所喜欢的。这几年，对我成绩的宣传得益于新闻界领导和同志们的艺术加工。法律如果没有媒体的宣传无疑要逊色得多，一名优秀的法官如果没有媒体朋友们的升华也会很难闪光。无论是我审理的案件还是我本人，已经多次成为媒体的素材，每当我看到了加工之后的作品，心中油然而生对大家的敬意！作为知识产权庭的庭长，非常感谢大家对法律的热爱和一名法官形象的塑造！

现在，随着经济的快速发展，我们已经进入到一个知识产权时代，知识产权的纠纷处在高峰期。我和我的同事们遇到了前所未有的案件，审理案件的难度也在不断加大。当我们感觉案件有压力的时候，法院整体案件的压力更大，挑战一名法官的是办案能力，更是办案毅力，对法院这个群体而言，我们需要监督、制约，更需要支持、肯定和鼓励，我想，参选本身是一种巨大的法官荣誉，我会和同志们一起继续努力，让首都政法战线充满力量的光辉！

2009年9月

在依法治国进程中努力做一名尽责的法官

——参加"12·4"十年法治人物评选活动感言

★ ★ ★ ★ ★

今天是个特别的日子，从立法上说，社会主义法律体系已经基本形成，依法行政和司法公正正在深入地推进，公民法治建设越来越细化和完善，全面依法治国的法律思想越来越深入人心，能够在这样一个法制宣传日接受党和国家领导人的接见，我们感到无上光荣，可以说，心潮澎湃，非常激动！神圣的使命必将带来巨大的工作动力，本着牢记历史使命、勿忘时代责任的工作态度，我们今后努力做到如下几点：

第一，爱岗敬业，忠实履行工作职责。作为法官，要秉承"公正、清廉、为民"的核心价值观，继续探索社会主义中国国情下的办案规律，将公正司法与一心为民结合起来妥善化解社会矛盾，将个案审理与完善规则结合起来积极参与社会治理，使全体法官的办案质量和工作能力得到全社会的普遍认可。

第二，深入群众，用质朴的情感换取人民对法治的信仰。法治建设中一个最重要的标识就是公民个人的作用得以充分彰显，所以，公民法律品质、理性、价值观、行为理念决定一个国家法治的未来，当事人是法律文化的传播者，也是法律习惯的培养者，法官办案不仅仅是解决当事人的问题，一个案件裁判得好坏，对社会的影响力波及社会的稳定，影响社会的文化和公民的价值导向。我们需要秉承对党、国家和人民负责的态度，全身心地投入到工作中，而这一切，没有法律的感情，没有深入群众的基础是办不好案件的，所以，我们应在群众中办案，我们的办案思路应满足社会所需，法律效果应与社会效果高度统一。

第三，不怕吃苦，甘愿做法治事业的铺路石。面对"三项重点工作"的新要求，面对任务越来越重、责任越来越大的政法工作，我们必须做好吃苦、受累、甚至牺牲的思想准备。因为在我们的法官队伍中，党、团员占大多数，越是困难的时刻，越是需要我们冲锋在前，越是条件艰苦，越是需要我们无悔付出。社会主义法治事业任重道远，我们只有把身子放平，甘愿做一颗沉默、坚强的铺路石，才能真正为祖国的法治建设做出贡献。

"十年树木，百年树人。"建设社会主义法治事业还有许多工作要做，这是我们每一名法律工作者义不容辞的责任，是党交给我们的重要使命，请祖国和人民放心，我们一定牢记宗旨，不辱使命，负重前行。当我们相会于下一个十年时，一定会迎来社会主义法治事业的辉煌明天。

2010年12月

△ 宋鱼水在给工人鉴名

→ 詹红荔脚下的探索
——从法官工作法角度的思考

★★★★★

　　詹红荔是一名优秀的少年审判法官。在其十分敬业的工作中，挽救了70多个濒临破散的家庭，教导300多名失足少年重返课堂，帮助1100多名少年犯走向新生。随着其事迹的广泛传播，我们从其工作中获取了很多启示，同时，我们亦对法官前行之路充满更深远的思考。以下是笔者的几点体会，供批评、指正。

　　一、从尚秀云到詹红荔，法官依旧承担着多元的社会角色。

　　从上世纪90年代到现在20余年的时间，少年审判工作一直成为被全社会关注的重点工作，从事少年审判的法官献身这份工作亦得到了全社会的很大认同，尚秀云、蒋庆、张勇以及我们今天热爱的詹红荔法官都是这个时期杰出的代表。他们身上有很多个性化的工作方法，但无一例外地有很多高贵的品格，致力于庭审之外的延伸工作。究其实质，他们的工作法并不以惩罚犯罪为目的，而是以帮教少年犯为目标，期待每一个少年犯改造后有健康的追求，最终成为一名积极向上的社会成员。诚然，他们对其毕生的工作付出了巨大的心血，甚至真的献出了宝贵的生命，他们走出了少年审判的法官境界，同时，在他们的身后并非没有讨论，法官之路是多角色的承担者，还是越来越专业化的追求者，这一直是困惑法官的疑难复杂的问题。

　　记得，法官妈妈尚秀云在追求这条少年审判之路时正是北京市海淀区人民法院第一次案件暴涨的高峰期。由于案件办不过来，案多人少的矛盾十分突出，同时，也由于受过本科专业训练的法官充实到法院的队伍中来，他们也把课本的知识带进法院，于是，形成了两种思路。一种是强调以人为本的思路，另一种是强调职业化分工的思路，前者需要法官工作的很多延伸，后者更能提高效率，重在全院工作任务的完成。质量与效率由于冲突而分野，社会分工由于复杂而细化，好在北京市海淀区人民法院并不阻止任何一种探索，既涌现出注重社会效果的综合型法官，又涌现出科学办案的效率型法官。这个时代究竟需要什么样的法官？当我们的目光仅仅局限于法院工作本身，答案要肯定后者，法院首先要完成法院的工作，而每个单位都完成到最好，社会才能分工明确，各司其职。但问题在于，这种定位取决于全社会各个部门、各个行业有很好的协调性，社会综合治理能力比较强。在社会变革时期，这显然是一种理想，有时不符合国情。我们经常面对的问题是，法官重视到的问题并没有被社会重视，如果我们不付出努力，我们的工作也会前功尽弃，而前一种工作方式则是弥补了社会分工的不足，一切以青少年为本，无论其如何判，在何处服刑，刑满释放后所面对的复杂社会，法官都像妈妈和老师一样为其继续辅导，直至其成为一名合格的好公民。

从这样一种视角观察，法官这种社会角色的承担除了解决自身案件的问题之外，更重要的是向全社会推进对青少年的治理方式，法官的能力再大也无法承担全社会的青少年工作，我们必须推动全社会的力量进行青少年工作的制度建设，对失足少年的管理工作更应该倾社会之力予以努力。

伟人们说，法官是最完美的人，具有强烈社会责任感的群体。詹红荔法官身上体现了这种完美，这种具有强烈时代性的社会责任感。然而，法官社会角色的多重负荷更需要用社会进步的方式为法官们减负，进而唤起全社会的责任感，全社会的管理创新。

二、从经验到理论，詹红荔的"三三九不工作法"体现着法官的成熟。

詹红荔法官创立的"三三九不工作法"有三不：三个不开庭，三个不轻易，三个不松手。其中，三个不开庭的前提是对关键问题尚未梳理清楚，对被告背景尚未调查清楚，被告对犯罪问题尚未认识；三个不轻易是指被告人未曾真诚悔过，被害人案件未曾和解，可以判非监禁刑但却未落实；三个不松手包括入监后延伸帮教未到位，回归社会问题不曾妥善解决，发出的司法建议并未落实。詹红荔的"三三九不工作法"体现了一名办案经验丰富的资深法官解决问题的成熟性，作为一名内行人显然知道这样做一定能够高质量地完成结案任务，但这也意味着客观事实在这个过程中更接近于法律事实，当事人主导作用与法官指挥作用难解难分。我们需要什么样的程序公正？在程序正义与实体正义之间我们又需要什么样的进路？走在求索中的法官们也尝试了二十多年，其中，最清醒的答案是：

决定者不在法官。诉讼是一门专业，事实真相的揭示不鼓励隐瞒者，但当更多的诉讼没有释明就没有揭示时，法官的主动性必然呼之欲出，因为任何一个诉讼制度的设计都要追求尽可能理想的结果。当事人诉讼能力的强弱与法官指挥能力的强弱有着不可分离的联系。基层的青少年审判工作，当事人的诉讼能力各地差异很大，但总体而言，青少年犯罪的多数群体是问题家庭，他们没有接受良好的教育，有的还面临生存问题，这需要法官的司法能动性更强一些。所以，试图在理论上探索出规律性的办案模式必须广泛接触这些案件的当事人，分析问题之所在。可以说，接触的案件越多，解决当事人的问题越多，越具有发言权。詹红荔法官的办案方法是符合中国国情的，她之所以洞察秋毫，被青少年视为法官妈妈，她的一句话或轻或重，或批评或肯定都能对少年犯起到重要影响，这是其植根于这片国土的探索的成果，是科学的司法经验，是宝贵的实践财富，是精华的理论总结。

如果司法进程一如我们理想的逻辑模式，我们对社会的认识未免太粗浅。很多理想在现实面前经常破灭，工作在司法一线的法官们经常困惑于实践中的意想不到的难题，尤其是那些难以用文明的方式沟通的当事人。在如此工作的困难、逆境面前，我们的队伍中悲观者大有人在，进行反击，以毒攻毒、以恶制恶的方法也常奏效，但我们是一支追求用文明方式解决纠纷的队伍，威严和权威体现在全民认同的方法，该认罪的当事人需要铁证如山，同时，也需要当事人在铁的事实面前不再无理狡辩，这就需要全面的法律文化认同，否则，很难推行我们所试图推行的法律。因而，詹红荔之所以如此关爱犯罪少年，除了爱心、责任心，更有一种推行大众接受的法律情怀，让少年犯在法律面前尊重法律，在法律面前重新认识法律所给予其的无限能量，法律的博爱之情与其说唤醒了少年犯，不如说，通过少年犯唤醒着我们的社会。

三、阳光总在风雨后，詹红荔的脸上写满了幸福和满足。

幸福是一种积累，满足是一种无愧。最近几年，在陈燕萍身上、詹红荔身上，我们如果细观察他们，他们身上洋溢着法官的活力，无论与其相处还是远距离地观察，如果我们问自己：幸福和满足是什么？我们会由衷地认为，这两位法官，他们很幸福，很满足。江南属于秀美之乡，他们即使不年轻，但仍有心灵美、外在美的追求。这一切是最新的荣誉使然，还是与生俱来？她们身上的这种气质是否与其工作有关？最近，我院有位刑事法官，在海法工作二十余年，其所办的案件，工作中的才华上至最高院，下至海法，业内无不认可，一度也是被选拔的苗子，只是由于其喜欢在海法办案一直坚守到现在。时至去年，其业务专长和工作积累年限竟少有人比拟，最后，还是服从了组织安排，并被委以了重任。用二十年、三十年的目光去回望法官办案之路，坚守者磨砺出的品质和能力已越过名利、诱惑，已满载经验被当事人的面孔挤满，好比几十年如一日的临床医生，好比经历过生死考验的前方战士，不是任何人均可追赶。世间没有一蹴而就的事业，法官的辉煌与其默默的奉献相伴而生，詹红荔的法官脸庞不是堆出来的幸福和满足，它是长出来的，十年、二十年、三十年……日复一日，热情似火，爱岗如家，倾尽所能。让那些少年犯告别犯罪，让她接触的每一个案件刻上坚韧的努力，她就是这样走出了一条近三十载的法官之路。能不幸福？能不满足？我们处在法官越来越年轻化的队伍里，急功近利难以完成法官的职责，我们这支队伍需要锤炼年轻人，需要提醒年轻人。我们都是拼打出来的，吃得苦中苦，方有甜中甜，千万不能放弃乐观、昂然向上的正气观，永不气馁的奋斗观。在社会公信力下降的大的社会环境下，我们亦不能人云亦云地既贬低自己，又不敬佩同事，任何时候，我们最了解我们自己曾付出什么。詹红荔不仅是一个人，她是我们队伍中的成员，我们需要相信，总有一天，我们所处的法官队伍能够得到社会的极大认同，能够获取全社会的尊敬，而这取决于我们首先要尊敬自己，相信自己。

精神的力量是不可低估的，成功常常在于无可能时精神的坚守。詹红荔的成功也意味着法官事业的成功。三十年法官风雨，各个庭室的发展，不只是少年审判庭的发展。詹红荔做到了最大限度地减低少年犯的犯罪率，也做到了从犯罪分子的改造到帮助学校预防犯罪的发生，我们各个庭室的法官也可以做到更加中国式的审判，寻求更能解决中国法律问题的司法模式。詹红荔是乐观的，而且，不是盲目地乐观，是具备解决问题能力的乐观；我们也是乐观的，只要我们实事求是地面对问题，下决心探索问题，勤勉地学做詹红荔。

很高兴，又有詹红荔。向詹红荔学习！

➡ 人民法官的忠诚观

——在全国法院弘扬政法干警核心价值观报告会上的发言

★★★★★

全国法院的法官们都在积极践行"忠诚、为民、公正、廉洁"政法干警核心价值观。现在，我从忠诚的角度汇报我的学习理解，不当之处请批评指正。

"忠诚"二字不是现代人的发明创造，历史上古已有之。忠诚是人类发展史上各个民族最重要的精神篇章。在抗战时期，无数的革命先烈为了民族的独立不惜牺牲自己的生命，他们用热血诠释着赤胆忠诚。在和平年代，冲锋在抗洪抢险第一线的勇士们，面对自然灾害无所畏惧的解放军战士，他们对党和人民的忠诚让人肃然起敬。近一段时间，生活在全球一体化的多元时代，我们受到各种思潮的冲击，社会上充斥着浮躁的情绪，政法队伍中的个别人在思想上有所动摇。在这种社会背景下，重塑忠诚的价值观显得尤为重要。作为政法工作者、人民法官为什么要忠诚、如何做到忠诚，就更为重要！因为忠诚是内心的信念，是政治责任和社会担当，人民法院是国家政权的重要部门，法官的忠诚是首要的政治本色。

忠诚，是一个人的信仰。人只有在国家、社会的保护下才能生存和发展，个体在寻求归属的时候也就产生了忠诚。民族的复兴、国家的富强，这些更高层次的追求，也潜移默化在人们内心深处形成使命感和责任感，这就是我们通常所说的信仰，或者理想。实践信仰的路途并不是一帆风顺，当遭遇困难和阻碍时，只有忠诚的人能够坚守信念，并孜孜以求。忠诚所带来的价值意义在人类生生不息的历史长河中彰显了高尚的风采，也是我们逐渐走向强大、民族走向复兴的精神支柱。所以，忠诚是政法干警核心价值观的基石。

我们这一代人如何实现忠诚，如何在审判工作岗位树立法官的忠诚观？我想谈几点自己的体会：

一、法官的忠诚是对党和国家的绝对忠诚

在法官队伍中，绝大多数法官都是共产党员，都了解党的历史，并自愿选择了加入中国共产党。在法律职业的追求中，我们有着共同的目标。在改革开放时期，法律发挥着重要的作用，各种矛盾的解决需要法律调整。作为共产党员的法官，我想，我们的事业是党的事业的重要部分，忠诚于党的事业就是按党的要求做好法官的审判工作。具体说来，我想举几个在实践中遇到的问题。

其一，我们如何思考群体案件。群体案件，从诉讼法的角度，法律的论证走势是代表诉讼，但实践中，我们有效的方法是一案一立，这样做的实践效果有利于防止群体访，有利于不稳定因素的防控。之所以如此，是因为党的要求与法官的职业追求是一致的。在代表诉讼的案件中，如果问题得不到解决，又引发群体访，法律将很难攻破这一瓶颈。群体访的主体因素非常复杂，主体建设也非一日之功，其最重要的缺失是法律文化的不足。如果说，理想的法律与现实的法律是有差异的，中国的法律必将面临中国的司法实践，党的宏观要求最重要的在于直面我国的现实，而这一点，作为法官我们必须与中央保持一致，以党的利益要求法官的觉悟是政治与法律的协调，是中国法治发展的必然规律。

其二，我们如何思考改革中的法律。改革在中国特色社会主义法律体系下进行，在中国特色的社会主义法律体系中党的领导起到了决定的作用，中国因素是我国法律区别于西方法律的重要内容。比如：法律上的土地、房产、婚姻、邻里，即使在知识产权领域也不可能逾越我国发展的现状，侵权的定性以及赔偿标准都必须考虑这一现状。而且中国国情考虑得越充分，法律的适用才越贴近实际，法律的权威才能进一步树立。从立法与司法结合的角度看党领导的社会主义道路与改革，我们只有始终坚持"三个至上"，才能步调一致地做好群众工作，建立公正高效的社会主义司法制度。可以说，作为一名法官，群众工作做得越好，对法律的运用就越深入，就越符合党和人民的利益；当事人来到法院打官司，也并非单纯地将我们看作法官。他们对法官的理解也是双重标准：共产党执政下的法官！我们做得好坏不仅关系到当事人对法律的评价，也直接关系到对党的形象的评价。因此，我们在党的领导下稳步推进祖国的法治建设，带领当事人用法律解决问题，在解决问题中养成群体以法律为坐标的行为方式。回想那些我们已经成功处理的当事人满意的各类案件，背后一定凝聚着我们对人民群众

的深切情感和一名共产党员的深切觉悟。

第三，用感情升华我们的工作。奥运口号著作权案是一起奥运前非常敏感的案件，在这起案件的处理中，我们合议庭成员重点考虑的是两大问题：一是法律裁判问题，二是如何团结每一位有奥运情感的当事人。前一个问题，法律业务讨论过多次。后一个问题，与当事人无数次促膝长谈，做了大量的调解工作。由于工作的真诚付出，当事人并没有因为输赢对法律有成见，反而深切地感受到党和政府的温暖，这是因为法官用感情去做工作。现实中，有很多案件因为矛盾很深，当事人表现出很偏激和情绪化，面对这些不满情绪甚至极端表现，我们尤其要用党员标准和党员的境界来思考和处理问题。矛盾越突显，越需要历练包容、冷静、客观，最大可能地消化矛盾、解决好矛盾，创造和谐发展的法治环境和依法治国的成熟条件。

二、法官的忠诚是对人民的忠诚

2011年第二期《中国审判》刊登了一篇题目是《审理民事案件的思维》的案例。讲的是2009年我们处理的一起信访案件，在这起案件中，一个不懂文化的老农民最后变成可交流的人，一个缠诉闹访的当事人最后在调解过程中变成没有无理要求，恭恭敬敬听村长、镇长方案的人，一个邋里邋遢的乡下人最后变成整洁的人。案件的难点是转包合同是否当然无效，辩驳无效的理由是转包费在合同履行过程中得到了村委会的默认。案情并不复杂，但给我们的思考是如何求索法律及其公正。我的回答是，法官虽然掌握着公正的钥匙，但透过案件去寻找的公正是复杂的，当你在这个案件或无数引起你进一步思考的案件中发现公正不能轻而易举得到时，解读法律的动力和如何正确地解读都来自于你司法为民的情怀。如何判决才是公正的？答案是法官要秉承对案件负责、对人民负责的求索精神。有一位将军说，我们是军人，我们要对国家的安全负责。法官要说的，我们是共和国法官，我们要对社会的公平正义尽责。所以，在这个意义上，法律通向公正，却不能标明每一起案件如何实现公正，在法律与公正之间包含法官对法律的理解，包含法官对公正的探索，而其动力就是在中华人民共和国法律下忠诚履行人民对法官赋予的光荣职责。所以，对人民忠诚才能对法律忠诚，才是真正的人民满意的职业忠诚。

还有另外一起案件，是部门经理与公司之间的纠纷。还没有开庭，部门经理因病去世，在这种情况下，我提前约见了公司老板，与他沟通了三件事：一是向任何一方倾斜解决不了这起案件，必须在程序和实体方面下功夫。二是公司的输赢并不重要，重要的是公司如何总结管理经验，吸取管理教训。三是全公司上上下下的职员与经理最清楚这起案件的事实，关键是如何处理才能服众，让原、被告均接受。在深入的沟通中，公司的老板完全接受了我的意见，主动派出得力的干部，一名与对方关系不错的经理来处理案件，并拿出一笔慰问金去看望了原告的家属，最后，在法院的协调下，案件得以调解。当原、被告及律师在案件结束后与我谈起这起案件时，一致认为大家的努力得到了双方期待的结果时，在他们不断感谢法院、感谢法官时，给了我很多思考，我们的职责就是用忠诚换取当事人的信任，赢得当事人的敬重，而这一切正是我们司法为民的感情。这份感情是用公正书写的，因而，司法为民与公平正义之间就是我们工作的意义，由于司法为民能够实现公正，所以忠诚的法官也是人民所期待的法官，是真正的法官。

三、法官的忠诚是对法律和职业的忠诚

对法律忠诚、对职业忠诚不是一个难以理解的问题，其难点在于是否能实践践行。2003年，我担任知识产权庭庭长，知识产权案件很多，我面临着如何带好知产队伍和如何优质高效审结案件两个难题。适逢五一长假，我去了中科院力学所，科研工作者依旧在实验室忙碌的景象让我豁然开朗。他们有很多人为了争取离单位很近的工作环境，毅然放弃了大房子；为了在试验中多出成果，经常在实验室工作至深夜，长年不休假。这让我认识到，选择什么职业其人生的设计就应以什么为核心。科学工作者两点一线的工作、生活模式亦给了我和挚爱法官职业的同事们极大的启发和思考。于是，北京市海淀区人民法院知识产权庭的同事们提出了"崇高的事业，美丽的心情"的工作口号，伴随这样的口号，我和我的同事们成功调解了中讯公司诉联想公司与姚某，超拓公司诉雄和公司与黄某等多个非常复杂的侵犯商业秘密案件；判决处理了数字图书馆侵权案、民间剪纸传统著作权案等案件。在调解与判决的成功摸索中，同事们对法律的理解和职业收获与日俱增，爱岗敬业的精神得以弘扬，2002年、2003年北京市海淀区人民法院知识产权庭先后荣立了二等功、一等功，深受当事人赞扬的集体让大家感觉到对法律忠诚、对职业忠诚的重要。

前不久，我在医院里听说了一个非常感人故事。一位肿瘤医生自己得

了乳腺癌，手术后的第二天依旧出现在门诊室，为的是不对预约的病人失约。这件事让我对职业精神体会深刻，也更为敬重。回想我的同事，有的人脾气比较急躁，但在当事人面前却从不急躁，而且还非常认真，在案件面前更不含糊，讨论案件时经常争得面红耳赤。对法律忠诚、对职业忠诚、对案件忠诚、对当事人忠诚应该是我们的底线，那些让我们睡不着觉的当事人，那些让我们柳暗花明的案件构筑了我们的职业生涯，现在回忆起来，因矛盾的化解而灿烂，因他们的满意而辉煌。

各位领导、同志们，回忆昨天，展望明天，谭彦、蒋庆、金桂兰……，他们一生忠诚党、忠诚人民和法律，我们要弘扬和继承他们的优秀品格，努力实现他们未竟的夙愿。

在中国特色社会主义法律体系形成，司法建设快速推进的今天，人民群众对法律的支持和依赖是空前的。作为共和国的法官，责任重大！能赶上这个法治建设的伟大时代，我们同时又是个幸运儿，我们一定会满怀激情，保持良好的精神状态，担当起维护公平正义的社会责任，在司法实践中全力化解矛盾、解决纠纷，努力提升公民的法律信仰。保持忠于党、忠于国家、忠于人民、忠于法律的政法干警政治本色，以法官的赤胆忠诚，在审判事业上书写更加辉煌灿烂的篇章。

2012年7月18日

→ # 在建党85周年大会上的发言

★★★★★

各位领导、同志们：

今天，我们在这里共同见证和纪念中国共产党无比辉煌的第85个生日，我们50名全国优秀共产党员、200名优秀党务工作者受到党中央的表彰，重温党的历史，聆听亲切教诲，心情无比激动。这既是对我们受表彰的个人的鼓励和肯定，也体现了党中央对全国广大共产党员和党务工作者的关心和爱护。所以，这个荣誉同样属于所有忠于职守、无私奉献的共产党员和党务工作者。此时此刻，面对飘扬了 85 个春秋的鲜红党旗，作为曾经在党旗下做出过庄严承诺的普通党员，我们深深感到，荣誉和责任同在，"立党为公、执政为民"的时代要求和我们肩负的历史使命感同在！

85 年来，中国共产党团结全国各族人民，共同致力于中华民族的解放和伟大复兴，取得了革命、建设和改革的巨大成就。今年，中国共产党带领全国各族人民高举邓小平理论和"三个代表"重要思想伟大旗帜，认真贯彻落实科学发展观，全面建设小康社会，努力构建社会主义和谐社会，正在走向更加美好的未来！

作为党员队伍中的一员，作为一名从事党务工作的干部，我们对党所取得的每一个成就都感到无比光荣和自豪。在党的光辉照耀下，我们用所学知识回报祖国，用恪尽职守回报人民，用多做贡献回报党的悉心培养。

我们做了自己应该做的工作，取得了点滴成绩，党和人民却给了我们这么高的荣誉。我们深知，这些成绩的取得，离不开党中央的正确领导，离不开人民群众的大力支持，离不开全国 7000 多万党员同志的共同奋斗，离不开各级领导和同志们的真诚帮助。一个人的力量是渺小的，只有凝聚在党的周围，融入到人民群众的社会实践中去，才能真正实践党的宗旨，激发巨大的前进动力。

我是 1988 年成为一名光荣的中国共产党员的。从那时起，作为一名党员身份的法官，我就把自己 18 年的青春岁月融入了中国共产党不断发展壮大的历史进程，融入了祖国改革开放的时代进程，融入了不断推进社会主义法制建设的历史进程，我倍感自豪和幸运。

作为一名基层党员，我奋斗在基层，也收获在基层。改革开放的伟大实践和取得的丰硕成果，更加坚定了我的共产主义信念；通过自身实践，也让我深深地理解了法律的真谛，理解了社会主义法制理念的精髓。

我曾经用调解的方法使许多即将对簿公堂的人们化干戈为玉帛，最大限度地化解了矛盾；我曾经在审判事务中努力地追求辨法析理，胜败皆服，顺利地审理了一大批疑难案件，做到了服判息诉，为构建"和谐社会首善之区"贡献了自己的微薄力量。

成绩和荣誉只能说明昨天，今天就是我前进征程的新起点，我要更加自觉地坚持"公正司法、一心为民"的工作理念，以党和人民的事业为重，永远保持共产党员的先进性，真心服务社会百姓，始终坚守公平正义，用公正司法的实践架起联通党和百姓的桥梁。

党和人民的事业蓝图宏伟，我们肩负的责任重于泰山。我们受到表彰的优秀共产党员、优秀党务工作者，与党和人民的要求还有差距。

在这里，请允许我代表受到表彰的优秀共产党员和优秀党务工作者，庄严地表示，我们决不辜负党中央和中国领导同志的殷切期望，永远牢记人民群众对我们的哺育，珍惜荣誉，谦虚谨慎，再接再厉，以实际行动证明自己无愧于全国优秀共产党员和优秀党务工作者的光荣称号。

我们也借此机会向全国所有共产党员和党务工作者发出倡议，让我们共同携起手来，在以胡锦涛同志为总书记的党中央坚强领导下，牢记宗旨，不辱使命，一心为民，勤奋工作，充分发挥共产党员的先锋模范作用和党务工作者的带头表率作用，在平凡的工作岗位上不断为党和人民的事业作出新的更大的贡献！谢谢大家！

2006 年 6 月 30 日

"四个一"感情十七大
——十七大参会手记

★★★★★

一种心情

10 月 15 日早晨，我乘十七大主席团的车从新大都驶向人民大会堂。车上，从这条街最美丽的规划到周围居民的阳台，从道路两旁的绿色花草到金秋十月的蓝色天空，北京折射着我们这个时代的变化，而这种变化在十七大报告中总结为:经济实力大幅度提升,人民生活显著改善。回忆过去,展望未来,过去已有的变化,让每一位中国人充满自信,未来五年的规划也必将带来更多的自信,而七千多万中共党员正是带着这份自信的心情聆听着胡总书记的报告。64页的报告响起掌声40次,阵阵掌声都在鼓舞着每一个中国人。

一种定位

中国有特殊的人口,有特别的国情,中华民族对中国道路的探索历经了五千年,中国共产党对社会主义道路的探索也历经了几十年,我觉得党的十七大强调中国特色社会主义道路、中国特色社会主义理论体系,我们应高度重视其实践结论。实践是检验真理的唯一标准,我们对中国法律制度的建设必须了解实践的需求,而构建社会主义法治理论则是实践的呼唤。在中国司法改革的道路上,法律做过很多探索,而最成功的探索是对实践经验的总结,开放的法律思想和成功的法律实践需要有一个基本的定位,这个定位就是认真思索和践行中国特色社会主义法律体系。

一种目标

回顾中国共产党市场经济建设的进程,经济的繁荣也带来了法律的繁荣,法律作为经济建设的孪生姐妹,不断地为经济建设提供着法律的支持和保障。《公司法》的颁布扩展了市场的经营主体,激励了全国人民用最大的热情参与到经济生活当中,从而,让每个人都有机会为自己和社会创造财富。在十多年公司经验积累的基础上,法律对知识产权的保护体系已被更多的企业所认识,一个品牌的时代让更多的中国人接受世界的瞩目,更多地展示中国人对品牌的认知。正如十七大所说,"城乡居民收入较大增加,家庭财产普遍增多","人权事业健康发展"。从法律的视角观察,法律需要对财富和劳动者做出明确的界定。于是,面对不同市场主体在经济进程中的需求,当前颁布的《物权法》、《劳动合同法》使每个公民在市场经济日益深化的今天不断得到权利的保障和财富的安全。法律作为经济领域里最重要的调整手段,人们与经济的接触也不断地推进着依法治国的理念和素质,而这种理念和素质得到了党的十七大的充分肯定,党的十七大报告明确指出,人民民主是社会主义的生命,我们要坚定不移发展社会主义民主政治。

法律除了权利保障之外，还有一个内容就是义务遵守的严肃性。法律所有的命题都在界定一种标准，实现一份公正。在经济生活普遍得到改善的今天，人们希望得到公平，而今天，胡锦涛总书记畅谈的党的十七大报告大幅度推动了社会的公平正义。党的十七大报告指出："未来的五年，弘扬中华文化，建设中华民族共有精神家园"，"未来的五年，加快建立覆盖城乡居民的社会保障体系，保障人民基本生活"，"建立基本医疗卫生制度，提高全民健康水平"。党的十七大保障了每个公民的物质文明建设和精神文明建设，这是和谐社会的建设，也是法律公平的建设。

十年来，依法治国的基本方略写进了党的十五大报告中，也写进了宪法，法治中国的观念不仅深入人心，而且，法治进程不断加速。党的十七大更加具体地部署了依法治国的大政方针，不仅在经济、社会、文化领域等各个方面按照法律的方式推进，而且，在民主法治的方向上提出了既推进又稳步有序的目标，这是一个在综合素质、社会管理公共素质不断提高基础上的务实而必定正确的目标。

一种方向

党的十七大报告指出，要奋斗就会有困难有风险。我们一定要居安思危，增强忧患意识。我想，十七大的报告既是一种理论，更是一种实践，其不仅要求我们说出我们对认识十七大报告的统一性，更要求我们做出我们的行动，用实践的工作完成十七大报告交给整个中国人的光荣使命。

上午的会议已经结束，总书记用两个半小时的时间宣读了十七大报告，作为一名中国共产党党员，肩负着历史的责任，作为一名中华人民共和国法官，肩负着法治中国的使命，从职业的角度而言，我应与我的同行一起用最大的职业热情将十七大报告全面贯彻落实。

中国人有自己的道路，因为中国的人口、中国的国情、中国的发展都有自己的特点。党的十七大报告明确指出，改革开放以来我们取得一切成绩和进步的根本原因，归结起来就是：开辟了中国特色社会主义道路，形成了中国特色的社会主义理论体系。在党的十七大报告的精神鼓舞下，中国人民再一次用自信的目光回忆过去，展望未来。

党的十七大，我第一次以主席团成员的身份聆听了胡锦涛总书记的十七大报告，全场掌声雷动，全国各族人民精神鼓舞，而我将会用更饱满的政治热情投入到十七大之后的工作中。

2007 年 10 月 22 日

➜ 十八大报告——法律与经济的思考

★★★★★

昨日的北京秋高气爽，首都沐浴在收获中。昨日的北京也是全党全国人民期待、思考的日子，因为从这一天起，我们成为十八大的见证者，党和祖国的命运需要我们进行新的建设。

回忆过去，展望未来，经济发展带给国家更大的繁荣，带给人民更幸福的生活。更重要的，使我们国家更有实力进行生态文明建设、文化建设、社会建设、政治建设，构建五位一体的宏伟布局。保险、医疗、住房、教育等将在国家经济的发展与财富的积累中将人民的梦想变成现实。

十八大报告，在我国经济蓬勃发展的今天抓住我们有可能进行质的经济飞跃的历史机遇期和经济全球化的大好时机，向全党和全国人民发起了实施创新驱动发展的战略。创新是一种新的经济体系，十八大报告将国家创新体系和知识创新体系进行了周密的部署和规划，提出了"把全社会智慧和力量凝聚到创新发展上来"。

一个创新的时代，必然带来各有关利益主体利益的冲突和协调。回忆过去经济时代的社会各种矛盾以及这些矛盾再发各种案件，经济越活跃，矛盾越活跃。案件具有迅猛增长和类型化、阶段性特点。类型案件的解决除了化解矛盾更重要的是清晰规则、清晰法律，这是市场经济也是法治经济的内在互动。

十七大时期，社会主义法律体系形成，法治政府基本建成，法律和市场的主流化使我们有自信和自觉，更好地面对社会需求的经济，更好地面对推进社会所需求的法律。如果说过去的发展证明，法律与经济共同打造了一个繁荣的经济时代，那么创新与经济的新的契合对法律提出了更艰难的挑战。根据目前的司法统计，创新带来的知识产权案件增长迅猛，版权与知识产权共同成为时代的热点问题。这不仅涉及到知识产权法的迅速应对问题，也涉及到我国知识产权市场的整体布局，以及社会围绕知识产权环境的共同打造。

20 世纪 90 年代，中关村"硅谷经济"驰名，中关村 90 年代的法制环境是与法院、检察院、公安的执法密不可分的。今年是北京市海淀区人民法院建院 60 周年，几代法官对新型、疑难、复杂案件的勤勉钻研营造的是法治，助推的是经济。在中关村创新示范区发展的今天，中关村法庭即将宣告成立，法治中关村将有更进一步的发展。创新经济的时代，我们每个工作的完成都应该是作品。在探索案件质量，提高办案效率时，法官的工作，法律工作者的法律实现也是作品，也是创新。试想，如果我们各行各业，我们完成的工作都当作作品去完成，社会会怎样，那就是"美丽中国，科学发展"。

市场经济推进着法律的发展，基层司法实践和法律实践需要从根本上激发法官活力，发挥法官的创造性和智力劳动。所以，司法体制改革被时代所呼唤，也被党的十八大报告强调并进一步深化。

立足国情的司法体制改革，最核心的问题是解决以法官为主体的最有激励的工作机制问题，让管理推动法官裁判水平和质量，通过管理培养具有世界眼光的法官人才，最终让法律助推创新型国家的发展。

以下再对知识产权建设和法治国家建设提三点具体建议：

一、用法律助推国家创新体系和知识创新体系的稳步发展。当前，全社会都高度重视我国知识产权战略。从十八大报告可以看出，创新即将开启全社会发展的新的活力，但知识经济的活跃必然带来有关利益主体的冲突和协调问题。现在的知识产权案件已经呈现高增长态势，透过这些案件分析知识产权行业的问题，法律共识和提高商业化的法律机制还很薄弱，有必要深入研究，加大宣传，推动知识产权利益最大化。

二、用法律促进传统文化和现代文化的高度融合。我国传统文化博大精深，既有与法律相融合的道德文化，也有与法律相冲突的不良关系文化，如何在刚性的法律规则前提下坚持传统文化，涉及到法律与道德、法律与文化的融合问题。一个法治社会应该具有法律的刚性和仁义礼智信的弹性，打造法律体系的法、理、情，必将推动现代人际关系的健康成长，使我国的法治建设受到传统文化的支持，腐败问题失去文化支撑。

三、用法律促进公民家庭和谐，小区和谐。以公民为主体的法治建设涉及到社会稳定和发展的问题。全社会公民整体素质和法律水准决定了我国法治工作的顺畅性。建议法律进学校，从小培养公民依法有序解决问题的能力。建议法律进家庭，解决离异父母和谐对待子女，最大限度促进未成年人健康成长的问题。建议法律进物业，确保物业公司成为受业主欢迎的管理服务者，打造小区的安居。

➡ 十八大，海法新的征程

——海法 60 年有感

★★★★★

各位领导、各位来宾、全院干警：

大家好！

在建党 85 周年之际，我曾在中南海怀仁堂代表基层党员发言，那张被胡总书记接见的珍贵照片已经成为大家共同的回忆。我曾经在建国 60 年之际，站在依法治国的彩车上接受共和国的检阅，那一天，阳光灿烂，祖国人民沸腾了！今天，我从十八大的会议凯旋，站在这里，与大家回首北京市海淀区人民法院曾经走过的 60 年。

我们的纪录片再现了海法取得的每一次飞跃，这是改革开放的法律成果，也是十八大报告中所阐述的"社会主义法治国家建设成绩显著"、"国际影响力迈上一个大台阶，国家面貌发生新的历史性变化"。法治时代的经历正是大家的经历，无论是回首还是展望，我们拥有一颗更加跳动的海法人的心愿：十八大之后，我们的未来还会发生什么？面对新形势下的科学发展观，实现什么样的发展？怎样的发展？

2005 年，时代先锋的政治主旋律中涌现出一位海法法官，这是继尚秀云之后的海法又一次大型政治活动。于是，由陈琦院长带队，我们从祖国的江南走向塞北的草原，在海法的嘹亮歌声中向祖国各地吹响了法律进行曲。有人说，秀荣法官的声音是一位中央电视台主持人的声音，可是，我们的北京市海淀区人民法院又有多少秀荣？至少，现在的盛荣法官会以"完美"与之较量，而红星法官已经在国家法官学院打响了授课品牌。2010 年我作为全国"特殊党费"援建项目考察团的成员参加了汶川地震考察，在大型玉树赈灾义演中我代表全国基层党务工作者和基层党员庄严承诺：我们都是豁得出去的共产党员，只要玉树人民需要，只要祖国需要，我们永远奉献爱心！十八大前夕，当一位远在新疆的法官给我打电话，甚至给我送来补品时，令我想起，我曾与民口的同事们在那拉提狂欢的情景。辽阔的祖国，北京市海淀区人民法院的耕耘在海淀，又在祖国千山万水中。

敬爱的领导，亲爱的同志们，这里最想表达的是两个字：感谢！感谢一带又一带的领导人培养了优秀的法官；感谢一批又一批海法人在中关村的沃土上共同耕耘了法治，回答了什么是经典案例。是的，案例是北京市海淀区人民法院的土壤，没有案例就没有我们工作的意义；有了案例，我们开垦了 60 年海法的法治进程。我们虽不是为感谢而生，但我们为心愿而生，我们来到海法，希望海法的发展满足我们法律人的理想。海法做到了，我们实现着心愿。这个心愿如果与党和国家的宏伟目标相结合，需要回答法律是什么。法律是一名法官用爱去改造违法行为，用解决矛盾的方式实现十八大报告中所展望的"美丽中国，永续发展"。所以，我们的感激不仅仅来自于"小我"，更源自于为国家而奋斗的我们，北京市海淀区人民法院是一个成就"小我"和"大我"的家园，我们永远爱海法。

亲爱的年轻的海法法官和全体同事们，如今的海法正在迎接创新型国家和知识产权创新体系的未来。十八大报告有18处提到了法治建设，海法的60年是新的征程还是新的激情与光荣，让我们不要忘记王冬香、李艳，再往前，很多退休的老同志和很多离开海法的海法人，以及我们海法的每一个人。北京市海淀区人民法院今天的积累是北京市海淀区人民法院几代人的经营，正是这样的经营捍卫着一个国家法治的昌盛。有一天，当我们退休的时候，我们希望我们不仅在为海法铺路，我们托起的是海法人新的成长。所以，年轻人一定是海法的未来，一定会创造更加的辉煌! 我们殷切地祝愿，在十八大之后，海法的年轻人能够为国家的法治留下绚丽的乐章，能够将十八大的精神特别是践行依法治国的精神刻在我们每一个案例中。

十八大闭幕之后，回到我工作的海法，受到了院党组、各位中层领导、部分干警代表的隆重欢迎。这让我深刻认识到十八大虽然闭幕了，但十八大时代刚刚开始。当前，正值学习十八大报告的关键时期，我参加了市高院、最高人民法院的学习研讨，接受《人民法院报》、《审判研究》等专业媒体的回访，聆听了专家学者对十八大报告的真知灼见。十八大报告强调了"确保审判机关依法独立公正行使审判权"，这是一种神圣的职责，因为很多专家认为，这句话最重要。独立的背后是责任，法官之所以在判决书中署名，意味着我们对当事人的法律负责。在十八大报告中，法治已成为社会主义的核心价值观，依法治国和以德治国宣示着中华民族法律与道德的融合，传统文化与现代文化的交融汇聚。"法治是治国理政的基本方式"，十八大报告将法治的主旋律高高举起，当法治政府基本建成，全社会更加注重发挥法治在国家治理和社会管理中的重要作用，维护国家法制统一、尊严、权威时，我们用激情去耕耘的土地是肥沃的土地，用专业知识去播种的理想是一个单位明天的实力，一个国家百姓的福祉。十八大把法治的利剑交给了我们，海法在700人的梦想中培育的是具有国际视野的坚持改革开放的中关村的法官，是一个继续走向世界的，回答四个一流的海法。借用十八大的口号，是一个胜利的海法、团结的海法、继往开来的海法！

亲爱的同志们，未来永远属于海法人！让我们一起开启新的具有十八大政治和法律意义的旅程！我们要创造新的更加写满海法人名字的海法的明天！

十八大，海法新的征程必将铸就美丽与辉煌！

谢谢大家！

→ 宋鱼水名言

☆☆☆☆☆

法律效果和社会效果的统一是法律的最高境界，也是党和人民赋予法院权力的前提和基础。一句话，全社会都认为我们实现了公正，才叫真正的公正，这就是社会效果。

一部法律的交响乐正在这个时代上演，我们作为法律工作者，肩负的使命是让那些最不和谐的音符与社会相和谐。

我们这个时代需要法官的善良，尤其在矛盾的突显期，和人们面临巨大的压力、困惑而失衡的时候，让善良变成法官的一张名片，去抚爱我们的人民，去点燃大家对人民法院的期待，对公正的期待。而这种期待就是司法权威的源泉。

任何时候，我们都不要忘记，老百姓的眼睛是雪亮的，不公正很难蒙混过关。

回想走过的路，一切在社会上有影响有认同的案件都取决于我们对人民的忠诚，对法律思想的正确理解。

一名法官着重考虑的不应当是实现了什么过程，而是为当事人解决了什么问题。

我是一个随和的人，但从来不能容忍自己对当事人的不宽容，也从来不能容忍我的同事对当事人的不礼貌，因为当事人对一名法官来说，所有的法律播种都有可能成为现实，他们那种亲身感悟的法律知识、法律教导、法律文化以至于法律习惯都有可能在中华大地上遍地开花结果。

让我们把法官的人文关怀、把司法的温暖通过每一位法官不断地传递给当事人，并通过当事人传递给社会。

一个优秀律师后面可以有百万家产，一个合格法官背后，只能有洁白朴素的生活。

后 记

铁面柔情女法官

在北京市海淀区人民法院的大法庭，凝重的大理石墙面正中悬挂着一枚巨大的国徽。庄严的国徽下，一位女法官神情平静，目光坚定，她虽然十分瘦弱，但法庭里的每一个人都被她的气质所慑，沉默不语，静静等待法律的裁决。

这位面容沉静清瘦，而眼中充满智慧和自信的女法官，就是被评为"100位新中国成立以来感动中国人物"的海淀区人民法院副院长宋鱼水。

这名普通的女法官，凭着对公平和正义的内心确信，充分发挥促进社会繁荣稳定的审判职能作用，默默实践着求真务实的司法理念，全心履行着让人民满意的审判事业的终极目标。

当我们走近这位兼具传统道德情操和现代司法精神的女法官后，才切实理解了一位奉献于审判事业，忠实履行政法干警核心价值观的英模法官形象。

电影《真水无香》和北京曲剧《鱼水情》均为以宋鱼水为原型改编的文艺作品，生动集中地展现了宋鱼水独特的个人魅力。她的事迹难能可贵，她的故事感人至深，她的精神激励鞭策着广大年轻法官，引领带动了审判事业发展。正是这种伟大的"正能量"，驱使着我们投入大量的心血和精力，重新整理挖掘宋鱼水身上所展现出的时代精神。

经过一年的收集整理，我们终于完成了这本传记。虽然一本薄薄的传记，无法全面地表现宋鱼水"公正司法，一心为民"的精神风貌，无法道尽她从事审判工作二十多年来的点点滴滴。但可喜的是，我们尝试着全方位地再现宋鱼水一路走来的精彩故事，立体化地剖析这名优秀法官的心路历程，对于我们更加深入地学习和理解宋鱼水，具有一定的资料和文献价值。

本书在历史资料查找和整理过程中，得到了北京市高级人民法院和北京市海淀区人民法院的大力支持；北京市高级人民法院党组副书记、副院长周继军，北京市高级人民法院党组成员、政治部主任吴在存和北京市海淀区人民法院党组书记、院长鲁为，北京市海淀区人民法院党组成员、政治处主任张钢成在本书撰写过程中给予了悉心的指导，宋鱼水本人亲自审阅了全书文稿，在此一并表示深深的感谢！

编著者
2013 年 1 月 28 日

/100位

新中国成立以来感动中国人物/

丁晓兵　马万水　马永顺　马恒昌　马海德　中国女排五连冠群体

孔祥瑞　　孔繁森　　文花枝　　方永刚　　方红霄　　毛岸英

王　杰　　王　选　　王　瑛　　王乐义　　王有德　　王启民

王进喜　　王顺友　　邓平寿　　邓建军　　邓稼先　　丛　飞

包起帆　　史光柱　　史来贺　　叶　欣　　甘远志　　申纪兰

白芳礼　　任长霞　　刘文学　　刘英俊　　华罗庚　　向秀丽

廷·巴特尔　许振超　　达吾提·阿西木　邢燕子　　吴大观

吴仁宝　　吴天祥　　吴金印　　吴登云　　宋鱼水　　张　华

张云泉　　张秉贵　　张海迪　　时传祥　　李四光　　李春燕

李桂林和陆建芬夫妇　李素芝　　李梦桃　　李登海　　杨利伟

杨怀远　　杨根思　　苏　宁　　谷文昌　　邰丽华　　邱少云

邱光华　　邱娥国　　陈景润　　麦贤得　　孟　泰　　孟二冬

林　浩　　林巧稚　　林秀贞　　欧阳海　　罗映珍　　罗健夫

罗盛教　　草原英雄小姐妹　赵梦桃　　钟南山　　唐山十三农民

容国团　　徐　虎　　秦文贵　　袁隆平　　钱学森　　常香玉

黄继光　　彭加木　　焦裕禄　　蒋筑英　　谢延信　　韩素云

窦铁成　　赖　宁　　雷　锋　　谭　彦　　谭千秋　　谭竹青

樊锦诗

图书在版编目（CIP）数据

宋鱼水 / 刘玉民等编著. -- 长春：吉林文史出版
社，2012.12（2022.4重印）
（100位新中国成立以来感动中国人物）
ISBN 978-7-5472-1377-3

Ⅰ.①宋… Ⅱ.①刘… Ⅲ.①宋鱼水－生平事迹－青
年读物②宋鱼水－生平事迹－少年读物 Ⅳ.①K825.19

中国版本图书馆CIP数据核字(2013)第003094号

宋鱼水

SONGYUSHUI

编著/ 刘玉民 王佳 李东民 赵赓

选题策划/ 王尔立　责任编辑/ 王尔立 李洁华 任玉茗 李萌

装帧设计/ 韩璘

出版发行/ 吉林文史出版社

地址/ 长春市福祉大路5788号　邮编/ 130118

电话/ 0431-81629363　传真/ 0431-86037589

印刷/ 天津海德伟业印务有限公司

版次/ 2012年12月第1版 2022年4月第4次印刷

开本/ 640mm×920mm　1/16

印张/ 9 字数/ 130千

书号/ ISBN 978-7-5472-1377-3

定价/ 29.80元